"十四五"职业教育国家规划教材配

企业财务会计
同步训练

梁健秋　主编

中国教育出版传媒集团

高等教育出版社·北京

内容提要

本书是为"十四五"职业教育国家规划教材《企业财务会计》（第五版）配套编写的同步训练。

本书按照主教材各章的顺序编写，并贯彻执行《小企业会计准则》和现行财经税收政策的要求。每章由知识梳理、相关法规、关键概念和本章训练四部分组成。其中本章训练除第一章外，均包括单项选择题、多项选择题、判断题、单项实务题和综合实务题。

本书配套数字化教学资源，通过封底所附学习卡，可获取同步训练参考答案。

本书可供中等职业学校财经类专业学生学习企业财务会计课程使用，也可供在职人员及自学者参考。

图书在版编目（ＣＩＰ）数据

企业财务会计同步训练 / 梁健秋主编. -- 北京：高等教育出版社，2023.3（2024.11重印）

ISBN 978-7-04-059972-5

Ⅰ. ①企… Ⅱ. ①梁… Ⅲ. ①企业会计 - 财务会计 - 中等专业学校 - 教材 Ⅳ. ①F275.2

中国国家版本馆CIP数据核字(2023)第030221号

Qiye Caiwu Kuaiji Tongbu Xunlian

策划编辑	刘 睿	责任编辑	刘 睿	封面设计 张 志	版式设计	童 丹
责任校对	张 薇	责任印制	赵 佳			

出版发行	高等教育出版社	网 址	http://www.hep.edu.cn
社 址	北京市西城区德外大街 4 号		http://www.hep.com.cn
邮政编码	100120	网上订购	http://www.hepmall.com.cn
印 刷	天津市银博印刷集团有限公司		http://www.hepmall.com
开 本	889 mm×1194 mm 1/16		http://www.hepmall.cn
印 张	15.5		
字 数	320 千字	版 次	2023 年 3 月第 1 版
购书热线	010-58581118	印 次	2024 年11月第 6 次印刷
咨询电话	400-810-0598	定 价	39.60 元

本书如有缺页、倒页、脱页等质量问题，请到所购图书销售部门联系调换

版权所有 侵权必究

物 料 号 59972-A0

本书配套的数字化资源获取与使用

 Abook 教学资源

本书配套参考答案,请登录高等教育出版社 Abook 新形态教材网(http://abook.hep.com.cn)获取。详细使用方法见本书"郑重声明"页。

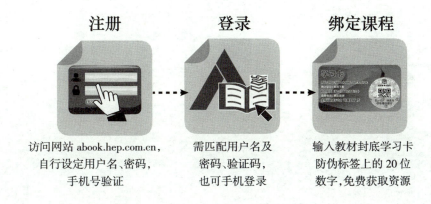

注册　　　　　登录　　　　　绑定课程

访问网站 abook.hep.com.cn,
自行设定用户名、密码,
手机号验证

需匹配用户名及
密码、验证码,
也可手机登录

输入教材封底学习卡
防伪标签上的 20 位
数字,免费获取资源

手机端应用

Abook APP

前言

企业财务会计课程的学习有一定的难度，它涉及诸多经济法律法规的执行，尤其是近年来我国深化税制改革，不断更新出台税收政策，会计准则也时常面临调整，学习内容更新越来越快，因此需要通过大量的训练，才能加深对会计基本理论知识的理解以及对会计核算技术的掌握与运用。基于这方面考虑，为方便教学，我们编写了与《企业财务会计》（第五版）相配套的同步训练。

本书与主教材在体系、结构上保持一致，每章由"知识梳理""相关法规""关键概念"和"本章训练"四部分组成。

知识梳理——梳理本章的知识要点以及重点、难点和关键点。

相关法规——提供本章可能涉及的法律法规，便于广大师生检索。

关键概念——梳理本章重要的名词解释，便于学生考前复习。

本章训练——除第一章外，各章均包括单项选择题、多项选择题、判断题、单项实务题和综合实务题，可满足多角度、多形式训练的需要。

在"本章训练"中，同时设计了增值税一般纳税人和小规模纳税人的实务题，供各校在教学工作中视具体情况而灵活使用。另外，还提供两套模拟试卷，方便学生进行自我测试。书后附有增值税税率、征收率和扣除率表，方便对照。

本书由北京财贸职业学院梁健秋任主编。杨蕊、殷裕品、陈江永和周朝辉参与了编写工作。

本书配套数字化资源，通过封底所附学习卡，可获取同步训练参考答案。详细使用说明见本书"郑重声明"页。

由于时间仓促，加之编者水平有限，错误之处在所难免，敬请读者批评指正。值得注意的是：国家税收政策时有变化，各学校可根据实际教学安排，结合当前税收政策要求，适当调整业务数据。在使用过程中如有疑问或建议，请直接与我们联系。读者意见反馈信箱：zz_dzyj@pub.hep.cn。

编　者

2022 年 5 月

目录

第一章

企业财务会计概述

知识梳理 🖊 ··

本章的学习内容及重难点、关键点见表1-1。

表1-1   本章的学习内容及重难点、关键点

知识要点		重点	难点	关键点
企业财务会计概念		√		
企业财务会计信息的使用者	投资者			
	债权人			
	政府及有关部门			
	职工			
	企业的供应商			
会计基本假设	会计主体	√	√	√
	持续经营	√	√	
	会计分期	√	√	
	货币计量	√		
会计基础	权责发生制	√	√	√
会计确认	可定义性		√	
	可计量性		√	
会计计量	历史成本	√		
	重置成本		√	
	可变现净值		√	
	现值		√	
	公允价值		√	
会计记录				
财务报表				
会计信息质量要求	可靠性	√		
	相关性	√		
	可理解性	√		
	可比性	√		
	实质重于形式	√	√	
	重要性	√		
	谨慎性	√	√	
	及时性	√		

相关法规 ··

本章可能涉及的法律法规见表 1–2。

表 1–2　本章可能涉及的法律法规

法律法规名称	修订、颁布或施行时间
小企业会计准则	2013 年 1 月 1 日
企业会计准则——基本准则	2014 年 7 月 23 日

关键概念 ··

1. 企业财务会计

企业财务会计是应用在各类企业经济管理活动中的一个会计分支,是以货币作为主要计量单位,运用专门的会计理论、方法和技术,对企业生产经营活动的过程与生产经营活动的成果,进行连续、系统、全面、综合地核算和监督,并据以进行科学的分析与预测,向投资者、债权人等提供准确信息,促进企业不断改善经营管理、提高经济效益的一种专门的经济管理活动。

2. 会计主体

会计主体是指企业财务会计工作为之服务的特定对象,是企业会计确认、计量和报告的空间范围。

3. 持续经营

持续经营是指在可以预见的将来,企业将会按当前的规模和状态继续经营下去,不会停业,也不会大规模削减业务。

4. 会计分期

会计分期是指将一个企业持续经营的生产经营活动划分为一个个连续的、长短相同的期间。

5. 货币计量

货币计量是指会计主体在会计确认、计量和报告时以货币计量,反映会计主体的生产经营活动。

6. 权责发生制

权责发生制亦称应计基础、应计制原则,是以应收应付作为标准来处理经济业务,确定本期收入和费用,计算本期盈亏的会计处理基础。

7. 会计确认

会计确认就是将某一项目作为某一会计要素的内容正式地记入账册,并在期末正式地列入财务报表的过程。

8. 会计计量

会计计量是在会计确认的前提下,对会计要素的内在数量关系加以衡量、计算并予以确定,使其转化为可用货币表现的信息。

9. 历史成本

历史成本又称实际成本,是指取得或制造某项资产物资时实际支付的现金或者其他等价物。

10. 重置成本

重置成本又称现行成本,是指按照当前市场条件,重新取得同样一项资产所需支付的现金或现金等价物金额。

11. 可变现净值

可变现净值是指在生产经营过程中,以预计售价减去进一步加工成本和销售所必需的预计税金、费用后的净值。

12. 现值

现值是指对未来现金流量以恰当的折现率进行折现后的价值。

13. 公允价值

公允价值是指市场参与者在计量日发生的有序交易中,出售一项资产所能收到或者转移一项负债所需支付的价格,即脱手价格。

14. 会计记录

会计记录是将经确认、计量的项目运用复式记账的方法记入有关账簿的过程。

15. 财务报表

财务报表是反映企业财务状况和经营成果的书面文件,包括资产负债表、利润表、现金流量表及其附注。

16. 可靠性

可靠性要求企业应当以实际发生的交易或者事项为依据进行确认、计量和报告,如实反映符合确认和计量要求的各项会计要素及其他相关信息,保证会计信息真实可靠、内容完整。

17. 相关性

相关性要求企业提供的会计信息应当与使用者的经济决策需要相关,并有助于使用者对企业过去、现在或者未来的情况做出评价或者预测。

18. 可理解性

可理解性要求企业提供的会计信息应当清晰明了,便于使用者理解和使用。

19. 可比性

可比性要求企业提供的会计信息应当相互可比。

20. 实质重于形式

实质重于形式要求企业应当按照交易或者事项的经济实质进行会计确认、计量和报告,不仅仅以交易或者事项的法律形式为依据。

21. 重要性

重要性要求企业提供的会计信息应当反映与企业财务状况、经营成果和现金流量有关的所有重要交易或者事项。

22. 谨慎性

谨慎性要求企业对交易或者事项进行会计确认、计量和报告应当保持应有的谨慎,不应高估资产或者收益、低估负债或者费用。

23. 及时性

及时性要求企业对于已经发生的交易或者事项,应当及时进行确认、计量和报告,不得提前或者延后。

本章训练

一、单项选择题(将正确答案前面的英文字母填在括号内。后面各章单项选择题答法同此)

1. 企业财务会计是应用在( )中的一个会计分支。

   A. 经济管理活动　　　　　　　B. 企业筹资活动

   C. 资金运用活动　　　　　　　D. 企业发展活动

2. 会计确认、计量和报告的前提是( )。

   A. 会计核算方法　　　　　　　B. 会计基本假设

   C. 会计基础　　　　　　　　　D. 会计信息质量要求

3. 属于会计主体但不属于法律主体的是( )。

   A. 有限责任公司　　　　　　　B. 股份有限公司

   C. 分公司　　　　　　　　　　D. 企业集团

4. 不符合持续经营假设的是( )。

   A. 将本期为生产产品而耗用的原材料费用全部计入本期产品成本

   B. 将为产品生产而购进的固定资产成本全部计入本期产品成本

   C. 将本期职工工资一次性发放给职工

   D. 将本期应收而未收的收入全部作为本期收入

5. 符合权责发生制的是（   ）。

   A. 将预收货款作为本期收入

   B. 将本期及以后各期应分摊的费用作为本期费用

   C. 将本期发生的收益性支出作为本期费用

   D. 将本期发生的资本性支出作为本期费用

6. 在（   ）的前提下,会计确认、计量和报告应当以企业持续、正常的生产经营活动为前提。

   A. 会计主体   B. 会计分期

   C. 持续经营   D. 货币计量

7. 以融资租赁方式租入的资产,在会计确认、计量和报告上应当将其视为企业的资产,列入企业的资产负债表。其体现的会计信息质量要求是（   ）。

   A. 重要性   B. 实质重于形式

   C. 谨慎性   D. 可比性

8. 企业对固定资产采取加速折旧。其体现的会计信息质量要求是（   ）。

   A. 重要性   B. 实质重于形式

   C. 谨慎性   D. 可比性

9. 对于同一企业不同时期发生的相同或者相似的交易或者事项,应当采用一致的会计政策,不得随意变更。其体现的会计信息质量要求是（   ）。

   A. 重要性   B. 实质重于形式

   C. 谨慎性   D. 可比性

10. 某公司 2022 年年末发现公司销售萎缩,无法实现年初确定的销售收入目标,但考虑到 2023 年春节前后销售可能会出现较大幅度的增长。为此,该公司提前预计库存商品销售,在 2022 年年末填制了若干份存货出库凭证,并确认销售收入实现。这种做法违背了会计信息质量的（   ）要求。

   A. 可靠性   B. 实质重于形式

   C. 谨慎性   D. 可比性

11. 会计主体在会计确认、计量和报告时,以（   ）反映会计主体的生产经营活动。

   A. 劳动计量   B. 货币计量

   C. 重量计量   D. 长度计量

12. 会计主体是会计核算的基本假设之一,它为会计工作规范了活动的（   ）。

   A. 时间范围   B. 核算方法

   C. 空间范围   D. 业务范围

13. 将某一项目作为某一会计要素的内容正式地记入账册,并在期末正式地列入财务报表。这一过程叫作（　　　）。

    A. 会计计量   B. 会计记录

    C. 会计确认   D. 会计报告

14. 企业在对会计要素进行计量时，一般应当采用（　　　）。

    A. 历史成本   B. 重置成本

    C. 现值   D. 公允价值

15. 企业财务会计核算的基础是（　　　）。

    A. 会计主体   B. 持续经营

    C. 权责发生制   D. 货币计量

二、多项选择题（每题有两个或两个以上正确答案。将正确答案前面的英文字母填在括号内。后面各章多项选择题答法同此）

1. 可以作为一个会计主体，进行会计核算的有（　　　　　　）。

    A. 企业生产车间   B. 企业专设的销售部门

    C. 分公司   D. 母公司及其子公司组成的企业集团

2. 谨慎性要求在进行会计核算时，在不影响合理选择的情况下，做到（　　　　　　）。

    A. 选择不虚增利润和不夸大所有者权益的会计处理方法

    B. 合理核算可能发生的损失和费用

    C. 合理核算可能发生的收入和利润

    D. 合理估计可能发生的负债

3. 不属于会计信息质量要求的有（　　　　　　）。

    A. 及时性   B. 相关性

    C. 历史成本   D. 持续经营

4. 体现谨慎性要求的有（　　　　）等会计核算方法。

    A. 企业对其销售的产品实行"质量三包"

    B. 固定资产的加速折旧法

    C. 物价持续上涨时，存货计价的先进先出法

    D. 物价持续上涨时，存货计价的加权平均法

5. 在实际工作中，（　　　　　　）是紧密结合、同步进行的。

    A. 会计确认   B. 会计计量

    C. 会计记录   D. 会计报告

6. 企业财务会计核算的基本前提包括（　　　　　　）。

    A. 会计主体   B. 持续经营

    C. 会计分期   D. 货币计量

7. 企业对会计要素进行计量时,可以采用(　　　　)等。

A. 历史成本 　　　　　　　　　　　B. 重置成本

C. 可变现净值 　　　　　　　　　　D. 公允价值

8. 及时性要求企业做到(　　　　)。

A. 及时收集会计信息 　　　　　　　B. 及时处理会计信息

C. 及时传递会计信息 　　　　　　　D. 及时结转利润

9. 会计信息质量要求包括(　　　　)等。

A. 可靠性 　　　　　　　　　　　　B. 可理解性

C. 实质重于形式 　　　　　　　　　D. 谨慎性

10. 企业财务会计的信息使用者主要包括(　　　　)。

A. 投资者 　　　　　　　　　　　　B. 债务人

C. 债权人 　　　　　　　　　　　　D. 政府及职工

三、判断题(正确的打√,错误的打 ×,标在括号内。后面各章判断题答法同此)

(　　)1. 会计主体与法律主体是有所不同的,一个会计主体不一定是法律主体。

(　　)2. 会计分期是指一个会计主体的经营活动将会无限期地延续下去,在可以预见的未来期间内,会计主体不会遭遇清算、解散等变故。

(　　)3. 货币计量的前提中还包含着币值不变的假定意义。

(　　)4. 可靠性是指企业的财务会计核算制度应当前后各期一致,不得随意变更。

(　　)5. 因为企业财务会计的工作目标侧重于对外报告,所以,企业财务会计的信息使用者只包括信息外部使用者。

(　　)6. 企业的会计确认、计量和报告应当以实际成本为基础。

(　　)7. 会计计量是会计确认的基础。

(　　)8. 供应商不需要了解企业的有关经营信用状况。

(　　)9. 确认和计量是会计记录的前提,而记录是确认和计量的结果。

(　　)10. 会计基本假设包括会计主体、持续经营、会计分期、货币计量和权责发生制。

第二章

货币资金

知识梳理

本章的学习内容及重难点、关键点见表 2-1。

表 2-1　本章的学习内容及重难点、关键点

知识要点		重点	难点	关键点
货币资金的概念		√		
货币资金的组成	库存现金	√		
	银行存款	√		
	其他货币资金	√		
货币资金的内部控制制度	严格职责分工			
	实行交易分开			
	实施内部稽核			
	实施定期轮岗制度			
货币资金核算应设置的会计科目	库存现金	√		
	银行存款	√		
	其他货币资金	√		
	待处理财产损溢	√		
库存现金的概念		√		
现金管理制度	现金使用范围	√		
	现金收取范围	√		
	库存现金限额	√	√	
	库存现金日常收支管理	√		
	库存现金账目管理			
库存现金的核算	库存现金收支核算	√	√	√
	现金日记账的登记	√	√	
库存现金的清查	现金溢余	√	√	
	现金短缺	√	√	
银行存款的概念		√		
银行存款的管理	银行存款开户管理	基本存款账户	√		
		一般存款账户			
		专用存款账户			
		临时存款账户			
	银行存款结算管理	"四不准"原则			
		支付结算原则			

知识要点		重点	难点	关键点
银行结算方式	支票	√		
	银行汇票	√	√	
	银行本票			
	商业汇票　商业承兑汇票		√	
	商业汇票　银行承兑汇票	√	√	
	汇兑　信汇			
	汇兑　电汇			
	委托收款	√		
	托收承付		√	
	信用卡		√	
	信用证		√	
银行存款的核算	银行存款收支核算	√	√	√
	银行存款日记账的登记	√	√	
银行存款的清查	未达账项	√	√	
	编制银行存款余额调节表	√	√	√
其他货币资金的内容		√		
其他货币资金的核算	银行汇票存款的核算	√	√	
	银行本票存款的核算			
	信用卡存款的核算			
	信用证保证金存款的核算			
	外埠存款的核算	√	√	

相关法规 ●

本章可能涉及的法律法规见表 2-2。

表 2-2　本章可能涉及的法律法规

法律法规名称	修订、颁布或施行时间
小企业会计准则	2013 年 1 月 1 日
小企业会计准则——会计科目、主要账务处理和财务报表	2013 年 1 月 1 日
现金管理暂行条例	2011 年 1 月 8 日
人民币银行结算账户管理办法	2003 年 9 月 1 日
中国人民银行支付结算办法	1997 年 12 月 1 日

续表

法律法规名称	修订、颁布或施行时间
中华人民共和国票据法	2004 年 8 月 28 日
票据管理实施办法	2011 年 1 月 8 日
关于深化增值税改革有关政策的公告	2019 年 4 月 1 日
关于深化增值税改革有关事项的公告	2019 年 4 月 1 日

关键概念

1. 货币资金

货币资金是指企业在生产经营过程中处于货币形态的资产,包括库存现金、银行存款和其他货币资金。

2. 内部控制制度

内部控制制度是指在处理各种业务活动时,依照分工负责的原则在有关人员之间建立的相互联系、相互制约的管理体系。

3. 库存现金

库存现金是指留存于企业财会部门、由出纳人员经管的、用于日常零星开支的货币资金。

4. 库存现金的限额

库存现金的限额是指为保证企业日常零星支付的需要,按规定允许留存的现金最高数额。

5. 银行存款

银行存款是企业存放在银行或其他金融机构的货币资金。

6. 基本存款账户

基本存款账户是存款人因办理日常转账结算和现金收付需要开立的银行结算账户。

7. 一般存款账户

一般存款账户是存款人因借款或其他结算需要,在基本存款账户开户银行以外的银行营业机构开立的银行结算账户。

8. 专用存款账户

专用存款账户是存款人按照法律、行政法规和规章,对其特定用途资金(如基本建设资金、更新改造资金、证券交易结算资金、期货交易保证金、单位银行卡备用金、住房基金、社会保障基金等)进行专项管理和使用而开立的银行结算账户。

9. 临时存款账户

临时存款账户是存款人因临时需要(如设立临时机构、异地临时经营活动、注册验资等)并在规定期限内使用而开立的银行结算账户。

10. 支票

支票是出票人签发的,委托银行或者其他金融机构见票时无条件支付给收款人或持票人的票据。支票分为现金支票、转账支票和普通支票。目前,各大商业银行也可以开具电子支票。

11. 银行汇票

银行汇票是出票银行签发的,由其在见票时按照实际结算金额无条件支付给收款人或者持票人的票据。

12. 银行本票

银行本票是银行签发的,承诺在见票时按照确定的金额无条件支付给收款人或者持票人的票据。银行本票分为定额本票和不定额本票两种。

13. 商业汇票

商业汇票是出票人签发的,委托付款人在指定日期按照票面确定的金额无条件支付给收款人或者持票人的票据。商业汇票按承兑人不同分为商业承兑汇票和银行承兑汇票。

14. 商业承兑汇票

商业承兑汇票是指由付款人或收款人签发,由银行以外的付款人承兑的商业汇票。

15. 银行承兑汇票

银行承兑汇票是指由付款人或收款人签发,必须由银行承兑的商业汇票。

16. 汇兑

汇兑是汇款人委托银行将款项支付给收款人的结算方式。汇兑有信汇和电汇两种。

17. 委托收款

委托收款结算是收款人向银行提供收款依据,委托银行向付款人收取款项的一种结算方式。

18. 托收承兑

托收承付又称异地托收承付,是根据购销合同由收款人发货后,委托银行向异地付款人收取款项,由付款人向银行承认付款的结算方式。

19. 信用卡

信用卡是指商业银行向个人和单位发行的,凭以向特约单位购物、消费,向银行存取现金,且具有消费信用的特制载体卡片。

20. 信用证

信用证是指开证银行依照申请人的申请开出的、凭符合信用证条款的单据支付的付款承诺。

21. 未达账项

未达账项是指企业与银行之间对于同一笔收付业务因记账时间不同而发生的一方已经取

得结算凭证登记入账,而另一方因未取得结算凭证尚未登记入账的款项。

22. 其他货币资金

其他货币资金是指企业除库存现金、银行存款以外的其他各种货币资金,主要包括银行汇票存款、银行本票存款、信用卡存款、信用证保证金存款、存出投资款、外埠存款等。

本章训练

一、单项选择题

1. 不属于"其他货币资金"科目核算内容的项目是(   )。

    A. 信用证保证金存款   B. 银行本票存款

    C. 备用金   D. 银行汇票存款

2. 企业将款项委托开户银行汇往采购地银行,开立采购专户时,应借记(   )科目。

    A. 银行存款   B. 其他应收款

    C. 材料采购   D. 其他货币资金

3. 企业到外地进行临时或零星采购时,汇往外地银行开立采购专户的款项是(   )。

    A. 外埠存款   B. 银行汇票存款

    C. 银行本票存款   D. 信用证保证金存款

4. 将企业现金收入作为个人储蓄存入银行,属于(   )。

    A. 坐支   B. 公款私存

    C. 白条顶库   D. 套取现金

5. 银行汇票的付款期为自出票日起(   )。

    A. 半年   B. 一年

    C. 三个月   D. 一个月

6. 企业在资金暂时不足的情况下仍能使用的结算方式是(   )。

    A. 银行本票   B. 银行汇票

    C. 商业汇票   D. 支票

7. 支票的金额起点为(   )元。

    A. 1 000   B. 100

    C. 10 000   D. 5 000

8. 不正确的说法是(   )。

    A. 企业收入现金应于当日送存开户银行

    B. 企业从开户银行提取现金时必须写明真实用途

    C. 企业可用现金收入来直接支付现金

D. 企业与其他单位的经济往来,除在规定的范围内可以使用现金外,应通过开户银行进行转账结算

9. 不允许使用现金的项目是(　　　)。

A. 向个人收购废旧物品　　　　B. 支付个人劳动报酬

C. 出差借支差旅费　　　　　　D. 购置固定资产

10. 企业一般不得从本企业的现金收入中直接支付现金,因特殊情况需要坐支现金的,应当事先报经(　　　)审查批准。

A. 工商行政管理部门　　　　　B. 上级主管部门

C. 财政部门　　　　　　　　　D. 开户银行

二、多项选择题

1. 为了详细反映和监督收入、支出和结存情况,"其他货币资金"科目应设置(　　　　)明细科目。

A. 外埠存款　　　　　　　　　B. 银行汇票存款

C. 信用卡存款　　　　　　　　D. 信用证保证金存款

2. 在(　　　)科目中,借方登记增加数,贷方登记减少数,余额一般在借方。

A. 库存现金　　　　　　　　　B. 银行存款

C. 其他货币资金——外埠存款　D. 其他货币资金——信用卡存款

3. 属于货币资金的项目有(　　　　)。

A. 库存现金　　　　　　　　　B. 银行存款

C. 其他货币资金　　　　　　　D. 被冻结的银行存款

4. 既可转账,又可提现的银行转账结算方式有(　　　　)。

A. 现金支票　　　　　　　　　B. 普通支票

C. 银行汇票　　　　　　　　　D. 转账支票

5. 可用现金支付的项目有(　　　　)。

A. 出差人员的差旅费 2 000 元　B. 向农民收购农副产品 5 000 元

C. 购买办公用品 800 元　　　　D. 购入材料 5 000 元

6. 货币资金管理和控制的原则有(　　　　)。

A. 职责分工　　　　　　　　　B. 交易分开

C. 内部稽核　　　　　　　　　D. 定期轮岗

7. 可用信用卡结算的有(　　　　)。

A. 向供应商购货　　　　　　　B. 向特约单位购物

C. 向银行存取现金　　　　　　D. 购买办公用品

8. 现金收入的内部控制制度包括(　　　　)。

A. 填制收款凭证与收款的职责应分开

B. 作废的收据和发票应销毁

C. 现金收入应及时存入银行

D. 出纳人员不在现场时,暂由会计人员代收现金并入账

9. 在(　　　　　)情况下,企业银行存款日记账余额会小于银行对账单余额。

A. 企业开出现金支票,对方还未到银行支取

B. 银行代企业交纳电话费,而企业尚未得到通知

C. 银行代收款项,企业未收到收款通知

D. 企业送存支票,银行未作收款记录

10. 属于未达账项的有(　　　　　)。

A. 企业已收款入账,银行尚未收款入账

B. 企业已付款入账,银行尚未付款入账

C. 银行已收款入账,企业尚未收款入账

D. 银行已付款入账,企业尚未付款入账

三、判断题

(　　　)1. 一般情况下,现金不可能出现贷方余额。

(　　　)2. 有了货币资金总分类核算,就可以不要其明细分类核算了。

(　　　)3. 企业的各种存款都应通过"银行存款"科目进行核算。

(　　　)4. 为便于发放工资,企业可以在基本存款账户和一般存款账户支取现金。

(　　　)5. 结算起点 1 000 元以下的零星支出可以使用现金。

(　　　)6. 普通支票可用于支取现金,但不能用于转账;转账支票则只能用于转账。

(　　　)7. 开户单位使用现金时,不得从本单位的现金收入中直接支付。

(　　　)8. 库存现金的清查一般采用实地盘点法。

(　　　)9. 基本存款账户主要用于存款人日常经营活动的资金收付及其工资、奖金和现金的支取。

(　　　)10. 支付结算原则是:恪守信用,履约付款;谁的钱进谁的账,由谁支配;银行不垫款。

四、单项实务题

实　务　一

【目的】　练习库存现金的核算。

【资料】　XH 公司为增值税小规模纳税人。发生以下经济业务:

1. 从银行提取现金 15 000 元备用。

2. 采购员王丹因公出差预借差旅费 7 000 元。

3. 王丹出差回来,报销差旅费 5 000 元,交回多余现金 2 000 元。

4. 职工李平报销办公用品费 300 元。

5. 从银行提取现金 50 000 元,备发工资。

6. 以现金 50 000 元,支付本月职工工资。

【要求】 根据以上经济业务资料,编制相关的会计分录。

【答题】

业务号	业务摘要	会计分录
1		
2		
3		
4		
5		
6		

实 务 二

【目的】 练习银行存款的核算。

【资料】 HX 公司为增值税一般纳税人,适用税率为 13%。本月发生以下经济业务:

1. 销售产品一批,价款为 10 000 元,增值税税额 1 300 元,款项已通过银行收妥。

2. 外购材料一批,价款为 6 000 元,增值税税额 780 元,已开出转账支票。

3. 用银行存款归还前欠 AF 公司货款 60 000 元。

4. 收到 LH 公司偿还的货款 80 000 元,存入银行存款账户。

5. 开出现金支票一张,从银行提取现金 14 000 元备用。

【要求】 根据以上经济业务资料,编制相关的会计分录。

【答题】

业务号	业务摘要	会计分录
1		
2		
3		
4		
5		

实 务 三

【目的】 练习银行存款的核算。

【资料】 假设【实务二】中的 XH 公司为增值税小规模纳税人,适用征收率为 3%。本月发生的经济业务不变。

【要求】 根据给出的经济业务资料,编制相关会计分录。

【答题】

业务号	业务摘要	会计分录
1		
2		
3		
4		
5		

实 务 四

【目的】 练习其他货币资金的核算。

【资料】 MM公司为增值税一般纳税人,适用税率为13%。本月将50 000元交存银行,取得银行汇票。采购员持票去外地采购材料一批,并交来销售方开具的增值税专用发票,货款金额为40 000元,增值税税额5 200元。材料入库后余款退回原开户银行。

【要求】 编制取得银行汇票存款、购买材料和退回余款的会计分录。

【答题】

分录号	业务摘要	会计分录
(1)		
(2)		
(3)		

实 务 五

【目的】 练习其他货币资金的核算。

【资料】 假设【实务四】中的MM公司为增值税小规模纳税人,适用征收率为3%。该公司发生的经济业务不变。

【要求】 根据给出的经济业务资料,编制相关的会计分录。

【答题】

分录号	业务摘要	会计分录
(1)		
(2)		
(3)		

实 务 六

【目的】 练习银行存款余额调节表的编制。

【资料】 LX 公司某月银行存款日记账账面余额为 120 000 元,银行对账单账面余额为 120 200 元。经核对有以下未达账项:

1. 存入转账支票 4 000 元,银行尚未入账。

2. 开出转账支票 2 800 元,银行尚未记账。

3. 委托银行代收的货款 5 000 元,银行已收到款项并已登记入账。但是,企业尚未取得收账通知,故企业尚未入账。

4. 电信公司委托银行代收企业应付通信费 1 600 元,银行已从企业存款中代付,由于企业尚未收到付款通知单,尚未入账。

5. 银行代付电费 2 000 元,企业尚未收到付款通知单,尚未入账。

【要求】 根据以上经济业务资料,编制银行存款余额调节表。

【答题】

银行存款余额调节表

年 月 日   单位:元

项目	金额	项目	金额
企业银行存款日记账余额		银行对账单余额	
加:银行已收,企业未收		加:企业已收,银行未收	
减:银行已付,企业未付		减:企业已付,银行未付	
调节后的存款余额		调节后的存款余额	

实 务 七

【目的】 练习库存现金清查的核算。

【资料】 KJ 公司本月对库存现金进行突击清查,发现短款 300 元。经查明原因,应由出纳员赔偿。

【要求】 根据以上经济业务资料,编制批准前后的会计分录。

【答题】

分录号	业务摘要	会计分录
(1)		
(2)		

五、综合实务题

【目的】　练习货币资金的核算。

【资料】　某企业为增值税小规模纳税人。该企业发生以下经济业务：

1. 开出现金支票一张，从银行提取现金 13 000 元。

2. 职工李爱华出差，预借差旅费 8 000 元，用现金支付。

3. 收到 GY 公司归还前欠本企业货款的转账支票一张，金额 80 000 元。企业将支票和填制的进账单送交开户银行。

4. 采用网上银行结算方式，将款项 23 000 元转账汇给 BC 公司，以偿还前欠货款。

5. 在对库存现金进行清查时，发现短缺 60 元。

6. 接上题，经查明，库存现金短缺系出纳人员责任，应由其赔偿。

7. 在对库存现金进行清查时，发生溢余 80 元。

8. 接上题，库存现金溢余原因不明，经批准转作营业外收入。

9. 向 AI 公司销售产品，前已采用托收承付结算方式委托银行向 AI 公司收取有关款项 15 000 元，现收到托收承付收账通知。

【要求】　根据以上经济业务资料，编制相关的会计分录。

【答题】

业务号	业务摘要	会计分录
1		
2		
3		
4		
5		
6		
7		
8		
9		

【答题】

第三章

应收及预付款项

知识梳理

本章的学习内容及重难点、关键点见表3-1。

表 3-1　本章的学习内容及重难点、关键点

知识要点			重点	难点	关键点
应收及预付款项核算应设置的会计科目	应收票据		√		
	应收账款		√		
	预付账款		√		
	其他应收款		√		
应收票据的概念			√		
应收票据的日常核算	应收票据业务的核算流程		√	√	√
	应收票据的入账价值		√		
	应收票据的到期日		√		
	应收票据的取得		√		
	收回到期票款		√		
应收票据贴现的核算	贴现的概念		√	√	
	贴现利息和贴现所得的计算		√	√	√
	不带追索权的票据贴现		√		
	带追索权的票据贴现		√	√	
应收票据转让的核算				√	
应收账款的内容			√		
应收账款的核算	应收账款业务的核算流程		√	√	√
	应收账款入账价值的确定	商业折扣	√		
		现金折扣	√	√	
	应收账款日常业务的核算		√		
坏账损失的核算	坏账与坏账损失		√	√	
	坏账损失的确认		√		
预付账款的概念			√		
预付账款的核算	预付账款业务的核算流程		√	√	√
	预付账款业务的核算		√	√	
其他应收款的内容			√		
其他应收款的核算	其他应收款日常业务的核算		√		
	备用金制度	定额备用金制度	√	√	
		非定额备用金制度	√		

相关法规

本章可能涉及的法律法规见表 3-2。

表 3-2　本章可能涉及的法律法规

法律法规名称	修订、颁布或施行时间
小企业会计准则	2013 年 1 月 1 日
小企业会计准则——会计科目、主要账务处理和财务报表	2013 年 1 月 1 日
企业会计准则第 1 号——存货	2007 年 1 月 1 日
企业会计准则第 14 号——收入	2018 年 1 月 1 日
现金管理暂行条例	2011 年 1 月 8 日
中国人民银行支付结算办法	1997 年 12 月 1 日
中华人民共和国票据法	2004 年 8 月 28 日
票据管理实施办法	2011 年 1 月 8 日
关于深化增值税改革有关政策的公告	2019 年 4 月 1 日
关于深化增值税改革有关事项的公告	2019 年 4 月 1 日

关键概念

1. 应收票据

应收票据是指企业因销售商品、提供劳务等而收到的商业汇票,包括商业承兑汇票和银行承兑汇票。

2. 贴现

贴现是指持票人因急需资金,将未到期的商业汇票背书后转让给银行,银行受理后,从票面金额中扣除按银行贴现利率计算确定的贴现利息后,将余额支付给持票人的业务。

3. 背书

背书是指在票据背面或者粘单上记载有关事项并签章的票据行为。背书转让的,背书人应当承担票据责任。

4. 应收账款

应收账款是指企业因销售商品、提供劳务等经营活动,应向购买方或接受劳务方收取的款项,主要包括企业因销售商品或提供劳务等应向有关债务人收取的价税款及代购货单位垫付的包装费、运杂费等。

5. 商业折扣

商业折扣是指企业为促进商品销售而在商品价格上给予的价格扣除。商业折扣实际上是对商品报价进行的折扣,一般用百分比来表示,如 5%、10%、20% 等,也可用金额表示 100 元、200 元等。

6. 现金折扣

现金折扣是指销售方为了鼓励购买方在一定期限内早日偿还货款,对销售价格给予一定比率的扣减。现金折扣对于销售方来说,称为销货折扣,对于购货企业来说,则称为购货折扣。现金折扣条件一般用如 "2/10,1/20,n/30" 等表示,其含义分别为购买方在 10 天内付款给予 2% 的折扣,11~20 天付款给予 1% 的折扣,21~30 天(或超过 30 天)付款则无折扣。

7. 坏账

企业的各项应收款项,可能会因购买方拒付、破产、死亡等原因而无法收回或者收回的可能性很小,这部分款项就是坏账。

8. 坏账损失

企业因坏账而遭受的损失为坏账损失或减值损失。

9. 预付账款

预付账款是指企业按照双方合同规定,预先以货币资金或货币等价物支付给销售方的款项。

10. 其他应收款

其他应收款是指企业除应收票据、应收账款、预付账款、应收股利、应收利息、长期应收款等以外的其他各种应收及暂付的款项。

11. 备用金

备用金是指付给企业内部各车间、各单位或个人用于日常零星支出等周转使用的货币资金。

12. 定额备用金制

定额备用金是指用款单位按定额持有的备用金。其具体的方法是:根据用款单位的实际需要核定备用金定额,由财会部门按定额备用金支付给用款部门,待用款部门实际支用后,经财会部门审核,凭有效单据报账;领款,以补足用款单位定额备用金。

本章训练

一、单项选择题

1. 购买方实际享受的现金折扣,销售方应作(   )处理。

    A. 冲减当期主营业务收入   B. 增加当期财务费用

C. 增加当期主营业务成本　　　　　　D. 增加当期管理费用

2. QC 为增值税一般纳税人,适用税率为 13%。销售产品一批,价目表标明售价(不含税) 10 000 元,现金折扣条件为"3/10,1/20,n/30"。假设购买方于第 12 天付款,则应收账款入账金额为(　　　　)元。

　　A. 11 200　　　　　　　　　　　　B. 11 300

　　C. 11 000　　　　　　　　　　　　D. 11 187

3. 在我国,企业收到的商业汇票应以(　　　　)入账。

　　A. 销货款　　　　　　　　　　　　B. 销货款加增值税销项税额

　　C. 票据面值　　　　　　　　　　　D. 票据面值加利息

4. QC 为增值税一般纳税人,适用税率为 13%。销售产品一批,不含税价款为 3 000 元。代垫运费 100 元,款项尚未收到。这时,记入"应收账款"科目中的金额为(　　　　)元。

　　A. 3 490　　　　　　　　　　　　B. 3 000

　　C. 3 100　　　　　　　　　　　　D. 3 503

5. QC 为增值税一般纳税人,适用税率为 13%。签发并经银行承兑的期限为 6 个月的不带息银行承兑汇票,票面金额为 100 万元。该票据到期时,企业应支付的金额为(　　　　)万元。

　　A. 100　　　　　　　　　　　　　B. 102

　　C. 104　　　　　　　　　　　　　D. 140

6. QC 公司 1 月 1 日取得面值为 1 000 万元、6 个月到期的不带息票据。同年 3 月 1 日,该公司持该票据向银行贴现,贴现率为 6%,则该公司可得贴现所得为(　　　　)万元。

　　A. 980　　　　　　　　　　　　　B. 1 000

　　C. 940　　　　　　　　　　　　　D. 880

7. 未贴现的商业承兑汇票到期,如果付款人无力支付票据,收款人应(　　　　)。

　　A. 借记"应收账款"科目,贷记"应收票据"科目

　　B. 借记"应收账款"科目,贷记"应付票据"科目

　　C. 借记"应收票据"科目,贷记"应收账款"科目

　　D. 借记"应付票据"科目,贷记"应收账款"科目

8. QC 企业于 3 月 15 日销售产品一批,货款为 100 000 元,增值税税额为 13 000 元;规定的付款条件为"2/10,1/20,n/30"。购买方已于 3 月 22 日付款。该企业实际收到的金额为(　　　　)元。

　　A. 111 000　　　　　　　　　　　B. 113 000

　　C. 112 000　　　　　　　　　　　D. 111 870

9. (　　　　)因素与票据贴现计算无关。

　　A. 银行贷款利率　　　　　　　　B. 票据期限

　　C. 票面利率　　　　　　　　　　D. 贴现利率和票据面值

10. 在我国,当发生现金折扣时,采用(　　　)进行核算。

　　A. 总价法　　　　　　　　　　　B. 净价法

　　C. 现值法　　　　　　　　　　　D. 历史成本法

11. QC 企业于 12 月 5 日销售产品一批,货款为 110 万元,增值税税率为 13%;规定的现金折扣条件为"2/10,1/20,n/30"。假设购买方于 12 月 14 日付款。该企业实际收到的金额为(　　　)万元。

　　A. 110　　　　　　　　　　　　B. 122.1

　　C. 123.2　　　　　　　　　　　D. 124.3

12. 企业的备用金通过(　　　)科目核算。

　　A. 备用金　　　　　　　　　　　B. 库存现金

　　C. 其他应收款　　　　　　　　　D. 银行存款

13. 对于预付账款不多的企业,可以不设置"预付账款"科目,将预付的款项直接记入(　　)科目。

　　A. 应付账款　　　　　　　　　　B. 应收账款

　　C. 预收账款　　　　　　　　　　D. 其他应付款

14. 对带有追索权的贴现业务在票据贴现时不冲销(　　　)科目,而是按票据的票面金额确认短期借款。

　　A. 应付账款　　　　　　　　　　B. 应收账款

　　C. 预收账款　　　　　　　　　　D. 应收票据

15. 应收及预付款项的坏账损失应当于实际发生时计入(　　　),同时冲减应收及预付款项。

　　A. 管理费用　　　　　　　　　　B. 销售费用

　　C. 财务费用　　　　　　　　　　D. 营业外支出

二、多项选择题

1. 可以作为应收账款入账金额的项目有(　　　　　)。

　　A. 销项税额　　　　　　　　　　B. 商业折扣

　　C. 现金折扣　　　　　　　　　　D. 代购买方垫支的运费

2. 商业汇票按其是否带有追索权可分为(　　　　　)。

　　A. 带追索权的商业汇票　　　　　B. 不带追索权的商业汇票

　　C. 带息票据　　　　　　　　　　D. 不带息票据

3. 企业应收及预付款项符合(　　　　　　)条件之一的,减除可收回的金额后确认的无法收回的应收及预付款项,作为坏账损失。

  A. 债务人依法宣告破产、关闭、解散、被撤销,或者被依法注销、吊销营业执照,其清算财产不足清偿的

  B. 债务人死亡,或者依法被宣告失踪、死亡,其财产或者遗产不足清偿的,又或者债务人逾期 3 年以上未清偿,且有确凿证据证明已无力清偿债务的

  C. 与债务人达成债务重组协议或法院批准破产重整计划后,无法追偿的

  D. 因自然灾害、战争等不可抗力导致无法收回的

  4. 企业的其他应收款主要包括(　　　　　)。

  A. 应收各种赔偿、罚款,如因企业财产等遭受意外损失而应向有关保险公司收取的赔款等

  B. 应收的出租包装物租金

  C. 应向职工收取的各种垫付款项,如为职工垫付的水电费、应由职工负担的医药费、房租费等

  D. 存出保证金,如租入包装物支付的押金

  5. 在商业汇票贴现中,其贴现所得涉及的因素有(　　　　　)。

  A. 票据面值   B. 票据到期值

  C. 贴现率   D. 贴现期

  6. 带追索权的已贴现的商业汇票到期时,付款人资金不足支付时,收款人可能做的会计处理为(　　　　　)。

  A. 借:短期借款   B. 借:应收账款

    贷:银行存款   贷:短期借款

  C. 借:应收账款   D. 不做会计分录

    贷:应收票据

  7. 属于其他应收款核算范围的项目有(　　　　　)。

  A. 代购买方垫付的运费   B. 预付给企业各内部单位的备用金

  C. 应收的各种罚款   D. 应收出租包装物的租金

  8. (　　　　　)因素影响带息商业汇票到期值大小。

  A. 贴现利率   B. 票据期限

  C. 票面利率   D. 票据面值

  9. 将未到期商业汇票进行贴现,编制的会计分录可能有(　　　　　)。

  A. 借:应收票据

    贷:主营业务收入

     应交税费——应交增值税(销项税额)

B. 借:银行存款

   贷:应收票据

C. 借:银行存款

   财务费用

   贷:应收票据

D. 借:银行存款

   财务费用

   贷:短期借款

10. 记入"应收票据"科目贷方的有(　　　　　　　)。

   A. 收到商业汇票　　　　　　　　B. 将未到期的商业汇票进行贴现

   C. 将商业汇票进行背书转让　　　D. 到期不能收回票据款

三、判断题

(　　　)1. 在我国,商业汇票的付款期限最长不得超过1个月。

(　　　)2. 1月31日签发并承兑的期限为1个月的商业汇票,其到期日为2月28日。

(　　　)3. 企业应收的各种赔款、罚款、材料销售款、备用金都通过"其他应收款"科目核算。

(　　　)4. "其他应收款"科目借方反映企业应收取的各种款项,贷方反映企业已收取的款项。

(　　　)5. 在定额备用金制下,经办人员按规定的金额借入备用金时,借记"其他应收款"科目,贷记"库存现金"科目;使用后按规定报销补齐时,借记"管理费用"等科目,贷记"库存现金"科目。

(　　　)6. 银行确定计息天数时,要么算头不算尾,要么算尾不算头。

(　　　)7. "预付账款"科目借方登记收到货物后按价款结转的金额,贷方登记按合同约定预付的购货款。

(　　　)8. 企业收到预付货款时,应借记"银行存款"科目,贷记"预付账款"科目。

(　　　)9. 对于预付账款不多的企业,可以不设置"预付账款"科目,将预付的款项直接记入"应收账款"科目的借方。

(　　　)10. 现金折扣是指销售方为促进商品销售给予购买方的价格扣除。

四、单项实务题

实　务　一

【目的】　练习应收账款及现金折扣的核算。

【资料】　YR公司为增值税一般纳税人,适用税率为13%。2022年6月1日销售产品一批,价目表中该产品价格(不含税)为 100 000 元。现金折扣为"10/5,n/10"。购买方于第 3 天付款。

【要求】 采用总价法编制销售产品、收到货款的会计分录。如果购买方于第 10 天付款,则收到货款时的会计分录如何编制?

【答题】

分录号	业务摘要	会计分录
(1)		
(2)		
(3)		

实　务　二

【目的】 练习应收账款及现金折扣的核算。

【资料】 假设【实务一】中的 YR 公司为增值税小规模纳税人,适用征收率为 3%。该公司发生的经济业务不变。

【要求】 采用总价法编制销售产品、收到货款的会计分录。如果购买方于第 10 天付款,则收到货款时的会计分录如何编制?

【答题】

分录号	业务摘要	会计分录
(1)		
(2)		
(3)		

实 务 三

【目的】 练习应收票据的核算。

【资料】 YR 公司为增值税一般纳税人,适用税率为 13%。2022 年 9 月 1 日向 FA 公司销售一批产品,货已发出,发票上注明的不含税价款为 200 000 元,增值税税额 26 000 元。收到 FA 公司交来的银行承兑汇票一张,期限为 6 个月,带追索权。

【要求】 编制收到票据及票款收回的会计分录。如果 YR 公司于 2022 年 11 月 1 日向银行申请贴现,年贴现率为 6%。则应该如何编制会计分录呢? 写出必要的计算过程。

【答题】

分录号	业务摘要	会计分录
(1)		
(2)		
(3)		

实 务 四

【目的】 练习应收票据的核算。

【资料】 假设【实务三】中的 YR 公司为增值税小规模纳税人,适用征收率为 3%。该公司发生的经济业务不变。

【要求】 编制收到票据及票款收回的会计分录。如果 YR 公司于 2022 年 11 月 1 日向银行申请贴现,年贴现率为 6%。则应该如何编制会计分录呢? 写出必要的计算过程。

【答题】

分录号	业务摘要	会计分录
(1)		
(2)		
(3)		

实　务　五

【目的】　练习预付账款的核算。

【资料】　YR 公司为增值税一般纳税人,适用税率为 13%,原材料收发按实际成本计价核算。该公司发生以下经济业务:

1. 8 月 7 日,从 YI 公司购入 AI 材料一批,价款 200 000 元,税款 26 000 元,双方约定预付 50% 价款,余额在收货后一次支付。

2. 9 月 12 日,收到 AI 材料,并验收入库。

3. 9 月 15 日,开出转账支票支付 AI 材料剩余款项。

【要求】　编制预付货款、购入材料及补付剩余货款的会计分录。

【答题】

业务号	业务摘要	会计分录
1		
2		
3		

实　务　六

【目的】　练习预付账款的核算。

【资料】　假设【实务五】中的 YR 公司为增值税小规模纳税人,适用征收率为 3%。该公司发生的经济业务不变。

【要求】　编制预付货款、购入材料及补付剩余货款的会计分录。

【答题】

业务号	业务摘要	会计分录
1		
2		
3		

实　务　七

【目的】　练习其他应收款的核算。

【资料】　YR 公司为增值税一般纳税人。该公司发生以下经济业务:

1. 8 月 7 日,采购员李达到财务部预借差旅费 20 000 元。

2. 9 月 12 日,采购员李达出差回来,报销差旅费 21 850 元,用现金补付 1 850 元。其中:飞机票 10 844 元(含税,增值税税率为 9%);住宿费 10 383.02 元,增值税税额 622.98 元。

3. 10 月 8 日,退还上月租入的塑料桶一批,收回包装金押金 2 000 元。

4. 11 月 3 日,职工万祎鸿生病住院。开出转账支票垫付应由该职工个人负担的住院费 3 000 元,其余费用直接从基本医疗保险中支付。

【要求】　根据以上经济业务资料,编制相关的会计分录。

【答题】

业务号	业务摘要	会计分录
1		
2		
3		
4		

五、综合实务题

LK 公司为增值税一般纳税人,适用税率为 13%。该公司发生以下经济业务:

1. 2022 年 4 月 5 日销售产品一批,不含税价款为 300 000 元。收到不带息银行承兑汇票一张,期限 6 个月。该公司持有两个月后贴现,带追索权,年贴现率为 7%。票据到期时,付款人按期付款。

【要求】 编制销售产品、票据贴现和票据到期的会计分录。

【答题】

分录号	业务摘要	会计分录
(1)		
(2)		
(3)		

2. 销售一批产品,按价目表标明的价格计算,不含税金额为 20 000 元。由于是成批销售,LK 公司给予购买方 10% 的商业折扣,金额为 2 000 元,因此,LK 公司应收的销售收入为 18 000 元。

【要求】 编制 LK 公司赊销及收到货款的会计分录。

【答题】

分录号	业务摘要	会计分录
(1)		
(2)		

3. 销售产品 100 000 元(不含税),规定的现金折扣条件为"2/10,n/30",产品交付并办妥托收手续可确认收入。

【要求】 编制 LK 公司赊销、发生现金折扣及收到货款的会计分录。

【答题】

分录号	业务摘要	会计分录
(1)		
(2)		
(3)		

4. 与 SC 公司签订购销合同,购买 AI 材料一批,价款 300 000 元,增值税税额 39 000 元。双方约定签订合同预付货款的 30%,余款及增值税税额在收货后一次支付。

【要求】 编制 LK 公司预付货款、购入材料及补付剩余款的会计分录。

【答题】

分录号	业务摘要	会计分录
(1)		
(2)		
(3)		

5. 党办与工会共同举办春节团拜会,工会负责人黄敏到财务部预借 20 000 元用于购买会场用品。团拜会结束,工会负责人黄敏报销工会经费后,及时退还了借款。

【要求】　编制预借款和退还借款的会计分录。

【答题】

分录号	业务摘要	会计分录
(1)		
(2)		

6. 因债务人 LW 先生遭遇车祸,经抢救无效死亡。前欠 LK 公司 150 000 元货款,经法院裁决只能清偿 100 000 元。年末,公司将剩余款项确认为坏账损失。

【要求】　编制坏账损失的会计分录。

【答题】

业务摘要	会计分录

7. 假设 LK 公司为增值税小规模纳税人,适用征收率为 3%。该公司发生的经济业务不变。

【要求】　编制上述的业务 1 至业务 4 的会计分录。

【答题】

业务号	业务摘要	会计分录
1		
2		

续表

业务号	业务摘要	会计分录
3		
4		

第四章

存货

知识梳理

本章的学习内容及重难点、关键点见表 4–1。

表 4–1　本章的学习内容及重难点、关键点

知识要点			重点	难点	关键点
存货的概念及确认条件			√		√
存货的划分标准	所有权				
	目的和用途				
存货的分类	按存货具体内容分类	原材料	√		
		在产品	√		
		半成品	√		
		产成品	√		
		商品	√		
		周转材料	√		
		委托加工物资	√		
	按取得存货的不同来源分类	外购存货	√		
		自制存货	√		
存货入账价值的确定	存货的采购成本	购买价格	√		
		相关税费	√		
		运输费	√		
		装卸费	√		
		保险费	√		
		仓储费	√		
		包装费	√		
		运输途中的合理损耗	√		
		入库前的挑选整理费用	√		
	存货加工成本	直接材料			
		直接人工			
		制造费用			
发出存货按实际成本计价的方法	个别计价法		√	√	
	先进先出法		√	√	
	月末一次加权平均法		√	√	
	移动加权平均法		√	√	

续表

	知识要点	重点	难点	关键点
原材料收发按实际成本计价核算应设置的会计科目	原材料	√		√
	在途物资	√	√	√
	应付账款	√		√
	应付票据	√		√
原材料收发按实际成本计价的核算	按实际成本计价的核算流程	√	√	
	购入原材料的核算	√	√	
	发出或领用原材料的核算	√	√	
原材料收发按计划成本计价核算应设置的会计科目	原材料	√		√
	材料采购	√		√
	材料成本差异	√	√	
原材料收发按计划成本计价的核算	按计划成本计价的核算流程	√	√	
	购入原材料的核算	√	√	√
	发出或领用原材料的核算	√	√	√
	存货的明细核算	√		
库存商品的概念		√		
库存商品核算应设置的会计科目	库存商品	√		
库存商品的核算	验收入库商品的核算	√		
	发出商品的核算	√		
委托加工物资的概念		√		
委托加工物资的实际成本	拨付加工物资的实际成本			
	支付的往返运费			
	缴纳的有关税费			
委托加工物资核算应设置的会计科目	委托加工物资	√		√
委托加工物资的核算	委托加工物资业务的核算流程	√	√	√
	发出物资及支付运费的核算	√		
	支付加工费的核算	√	√	
	加工完成验收入库的核算	√	√	√
周转材料核算应设置的会计科目	周转材料——包装物	√	√	√
	周转材料——低值易耗品	√	√	√

续表

知识要点			重点	难点	关键点
周转材料的核算	周转材料的概念		√		
	包装物的概念及内容		√		
	包装物业务的核算	生产领用包装物	√		
		随同产品出售的包装物	√	√	
	低值易耗品的概念		√		
	低值易耗品的特点		√		
	低值易耗品业务的核算		√		
存货的清查	存货清查的方法		√		
	存货盘盈的核算		√	√	
	存货盘亏的核算		√	√	

相关法规  ·······································

本章可能涉及的法律法规见表 4-2。

表 4-2　本章可能涉及的法律法规

法律法规名称	修订、颁布或施行时间
小企业会计准则	2013 年 1 月 1 日
小企业会计准则——会计科目、主要账务处理和财务报表	2013 年 1 月 1 日
企业会计准则第 1 号——存货	2007 年 1 月 1 日
中国人民银行支付结算办法	1997 年 12 月 1 日
中华人民共和国票据法	2004 年 8 月 28 日
票据管理实施办法	2011 年 1 月 8 日
中华人民共和国增值税暂行条例	2017 年 11 月 29 日
中华人民共和国增值税暂行条例实施细则	2011 年 11 月 1 日
关于全面推开营业税改征增值税试点的通知	2016 年 5 月 1 日
关于调整增值税税率的通知	2018 年 5 月 1 日
关于深化增值税改革有关政策的公告	2019 年 4 月 1 日
关于深化增值税改革有关事项的公告	2019 年 4 月 1 日
中华人民共和国消费税暂行条例	2009 年 1 月 1 日

关键概念

1. 存货

存货是指企业在日常生产经营活动中持有以备出售的产成品或商品、处在生产过程中的在产品、将在生产过程或提供劳务过程中耗用的材料或物料等,主要包括原材料、在产品、半产品、产成品、商品、包装物、低值易耗品、委托代销商品等。

2. 原材料

原材料是指企业在生产过程中经过加工改变其形态或性质并构成产品主要实体的原料及主要材料、辅助材料、外购半成品(外购件)、修理备用件(备品用件)、包装材料、燃料等。

3. 在产品

在产品是指企业正在制造尚未完工的产品,包括正在各个生产工序加工的产品,以及已加工完毕但尚未检验或已检验但尚未办理入库手续的产品。

4. 半成品

半成品是指经过一定生产过程并已检验合格交付半成品仓库保管,但尚未制造完工成为产成品,仍需进一步加工的中间产品。

5. 产成品

产成品是指企业已完成全部生产过程并验收入库,可以按照合同规定的条件送交订货单位,或者可以作为商品对外销售的产品。

6. 商品

商品是指商品流通企业外购或委托加工完成验收入库用于销售的各种商品。

7. 周转材料

周转材料是指企业能够多次使用,逐渐转移其价值但仍保持原有形态,且不能确认为固定资产的材料,如包装物、低值易耗品,以及建筑企业的钢模板、木模板、脚手架等。

8. 委托代销商品

委托代销商品是指企业委托其他单位代销的商品。

9. 外购存货

外购存货是指从企业外部购入的存货,如商品流通企业的外购商品;制造业企业的外购材料、外购零部件等。

10. 自制存货

自制存货是指由企业自行制造的存货,如制造业企业自制材料、在产品、产成品等。委托加工存货也是一种自制存货。

11. 存货的采购成本

存货的采购成本即企业外购存货的成本,是指企业材料物资从采购到入库前所发生的全部支出,包括购买价格、相关税费、运输费、装卸费、保险费,以及其他可归属于采购成本的费用。

12. 购买价款

存货的购买价款是指企业购入的材料或商品的发票等账单上列明的价款,但不包括按规定可以抵扣的增值税税额。

13. 相关税费

相关税费是指企业为购买存货支付的应计入成本的税费,主要包括进口环节的关税、消费税、海关手续费等,小规模纳税人购入存货所交纳的增值税、消费税,以及一般纳税人购进货物按规定不能抵扣的增值税进项税额。

14. 其他可归属于存货采购成本的费用

其他可归属于存货采购成本的费用是指在存货采购过程中发生的仓储费、包装费、运输途中的合理损耗、入库前的挑选整理费用等。

15. 运输途中的合理损耗

运输途中的合理损耗是指存货在运输过程中由于客观原因而发生的正常损耗,如煤炭在运输过程中的自然散落,以及化肥等易挥发产品在运输过程中的自然挥发。

16. 入库前的挑选整理费

入库前的挑选整理费是指存货运达企业往往需要经过挑选整理后才能入库,在挑选整理过程中所发生的费用应计入存货的成本。

17. 个别计价法

个别计价法亦称个别认定法、分批实际法。采用这一方法是以每批存货的实际单位成本作为该批存货发出的单价来计算发出存货的成本。

18. 先进先出法

先进先出法是假定先购入的存货应最先发出(销售或耗用)。其具体方法是:每次购入存货时,应按时间的先后顺序逐笔登记其数量、单价和金额,每次发出存货时,按照先购入存货的单价计算发出存货的实际成本,并逐笔登记存货的发出成本和结存金额。

19. 月末一次加权平均法

月末一次加权平均法是指本月收入存货数量加上期初结存存货的数量之和作为权数,去除本月收入存货成本之和加上期初存货成本之和,计算出存货的加权平均单价,作为本期发出存货和期末结存存货的价格,在期末一次计算本期发出存货的实际成本和期末存货成本的一种方法。

20. 移动加权平均法

移动加权平均法是指以每次进货的成本加上原有库存存货的成本的合计额,除以每次进货的数量加上原有库存存货的数量的合计数,计算加权平均单价,作为在下次进货前计算各次发出存货成本的单价的一种方法。

21. 领料单

领料单是一种一次性领料凭证,是由用料部门在领料时由经办人填写。

22. 限额领料单

限额领料单是一种在规定领用限额内多次使用的凭证,适用于有消耗定额并经常领用的材料。

23. 材料成本差异

材料成本差异又称材料价格差异,是指材料的实际成本与计划成本之间的差额。若库存材料的实际成本大于计划成本的差异,称为超支差异;若库存材料实际成本小于计划成本的差异,称为节约差异。

24. 库存商品

库存商品是指在企业已经完成全部生产过程并已验收入库、合乎标准规格和技术条件,可以按照合同规定的条件送交订货单位,或可以作为商品对外销售的产品,以及外购或委托加工完成验收入库用于销售的各种商品。库存商品具体包括库存产成品、外购商品、存放在门市部准备出售的商品、发出展览的商品及寄存在外的商品等。

25. 委托加工物资

委托加工物资是指企业将物资委托外单位加工成企业可使用的物资,如原材料、包装材料、低值易耗品、库存商品等。

26. 包装物

包装物是指为了包装本企业商品而储备的各种包装容器,如桶、箱、袋等。

27. 低值易耗品

低值易耗品是指单位价值较低、使用时间较短,不能作为固定资产核算的各种工具物品,包括各种工具、器具、管理用具、玻璃器具,以及企业内部用于储存、保管商品而使用的包装容器等。

28. 存货清查

存货清查是指通过对存货的实地盘点,即通过点数、过磅计量等方法确定存货的实有数量,并与账面结存数核对,从而确定存货实存数与账面结存数是否相符的一种专门方法。

本章训练

一、单项选择题

1. 企业经过加工后构成产品主要实体的材料是(   )。

A. 原料及主要材料   B. 辅助材料

　　C. 修理用备件　　　　　　　　　　　D. 低值易耗品

2. 外购材料入库应填制（　　　）。

　　A. 库存商品入库单　　　　　　　　　B. 领料单

　　C. 收料单　　　　　　　　　　　　　D. 退料单

3. 生产上经常需用并规定有消耗定额的各种材料,在领用时应填制（　　　）。

　　A. 限额领料单　　　　　　　　　　　B. 领料单

　　C. 领料登记簿　　　　　　　　　　　D. 退料单

4. 在计划成本计价核算方式下,凡是货款已付的,无论材料到达与否,都应记入（　　　）科目的借方。

　　A. 应付账款　　　　　　　　　　　　B. 材料采购

　　C. 在途物资　　　　　　　　　　　　D. 预付账款

5. 随同产品出售并单独计价的包装物,在销售实现后其成本应借记（　　　）科目。

　　A. 销售费用　　　　　　　　　　　　B. 管理费用

　　C. 其他业务成本　　　　　　　　　　D. 营业外支出

6. 在外购材料业务中,（　　　）情况产生了在途材料。

　　A. 货款付清,同时收料　　　　　　　B. 付款在前,收料在后

　　C. 收料在前,付款在后　　　　　　　D. 根据合同规定,预付货款

7. 企业在材料收入的核算中,需在月末暂估入账并于下月初红字冲回的是（　　　）。

　　A. 月末购货发票账单已到,货款已付且已入库的材料

　　B. 月末购货发票账单已到,货款未付但已入库的材料

　　C. 月末购货发票账单已到,货款已付但未入库的材料

　　D. 月末购货发票账单未到,但已入库的材料

8. 某企业月初库存材料1 000吨,每吨为100元,月中又购进两批,一次2 000吨,每吨110元,另一次3 000吨,每吨120元,则月末该材料的加权平均单价为（　　　）元。

　　A. 110　　　　　　　　　　　　　　B. 120

　　C. 113.33　　　　　　　　　　　　D. 111.67

9. 对盘亏的存货,应将扣除残料价值和应由过失人或保险公司赔款后的净损失计入（　　　）。

　　A. 管理费用　　　　　　　　　　　　B. 营业外支出

　　C. 其他业务成本　　　　　　　　　　D. 销售费用

10. 一次领用低值易耗品数量不大,金额不高,可采用（　　　）。

　　A. 分次摊销法　　　　　　　　　　　B. 净值摊销法

　　C. 五五摊销法　　　　　　　　　　　D. 一次转销法

11. 存货按其取得的不同来源分类,可以分为外购存货和(　　　)。

A. 原材料　　　　　　　　　　　B. 自制存货

C. 商品　　　　　　　　　　　　D. 委托代销商品

12. 以每批存货的实际单位成本作为该批存货发出的单价来计算发出存货的成本。这一方法是(　　　)。

A. 个别计价法　　　　　　　　　B. 先进先出法

C. 月末一次加权平均法　　　　　D. 移动加权平均法

13. 在实际成本计价核算方式下,货款已支付或开出、承兑商业汇票,材料尚未到达或尚未验收入库。其材料采购成本应记入(　　　)科目的借方。

A. 原材料　　　　　　　　　　　B. 在途物资

C. 材料采购　　　　　　　　　　D. 应付账款

14. 随同产品出售不单独计价的包装物,在发出时,应借记(　　　)科目。

A. 生产成本　　　　　　　　　　B. 制造费用

C. 销售费用　　　　　　　　　　D. 管理费用

15. 对盘盈的存货,获得批准后,应将实现的收益计入(　　　)。

A. 投资收益　　　　　　　　　　B. 主营业务收入

C. 其他业务收入　　　　　　　　D. 营业外收入

二、多项选择题

1. 构成企业存货采购成本的项目有(　　　　　)。

A. 购买价款　　　　　　　　　　B. 入库前的挑选整理

C. 运输途中的合理损耗　　　　　D. 一般纳税人购货时的增值税进项税额

2. 存货的划分标准有(　　　　　)。

A. 所有权　　　　　　　　　　　B. 目的和用途

C. 具体内容　　　　　　　　　　D. 取得来源

3. 在实际成本法核算方式下,发出存货成本的计价方法有(　　　　　)。

A. 个别计价法　　　　　　　　　B. 先进先出法

C. 分期摊销法　　　　　　　　　D. 加权平均法

4. 应计入委托加工物资实际成本的项目有(　　　　　)等。

A. 发出加工材料的实际成本　　　B. 发出材料的运费

C. 加工费　　　　　　　　　　　D. 收回加工材料的运费

5. 在"周转材料——包装物"科目中核算的内容有(　　　　　)。

A. 生产过程中领用的包装物

B. 随同产品出售,不单独计价的包装物

C. 随同产品出售,单独计价的包装物

D. 出租、出借的包装物

6. 企业进行存货清查时,对于盘亏的存货,要先记入"待处理财产损溢"科目,经过批准后根据不同的原因可以分别记入(   )科目。

A. 管理费用   B. 其他应付款

C. 营业外支出   D. 其他应收款

7. 属于周转材料的存货有(   )。

A. 委托加工物资   B. 包装物

C. 低值易耗品   D. 委托代销商品

8. 原材料收发按计划成本核算,应设置的科目有(   )。

A. 原材料   B. 在途物资

C. 材料采购   D. 材料成本差异

9. 应通过"材料成本差异"科目贷方核算的项目有(   )。

A. 入库材料的成本超支额   B. 入库材料的成本节约额

C. 发出材料应负担的节约差异   D. 发出材料应负担的超支差异

10. 存货主要包括(   )等。

A. 原材料   B. 自制存货

C. 周转材料   D. 委托加工物资

11. 原材料收发按实际成本计价核算,应设置的科目有(   )。

A. 原材料   B. 在途物资

C. 材料采购   D. 材料成本差异

12. 企业各生产部门及有关部门领用原材料,应填制(   )等单据。

A. 发料凭证汇总表   B. 领料单

C. 限额领料单   D. 出库单

13. 企业的库存商品主要包括(   )等。

A. 库存产成品   B. 外购商品

C. 发出展览的商品   D. 寄存在外的商品

14. 企业的周转材料主要包括(   )等。

A. 库存产成品   B. 包装物

C. 低值易耗品   D. 包装材料

15. 企业的低值易耗品主要包括(   )等。

A. 包装容器   B. 管理用具

C. 器具   D. 包装材料

三、判断题

（　　）1. 存货的采购成本就是存货的全部支出。

（　　）2. 工业企业购入材料和商业企业购入商品所发生的运杂费、保险费等均应计入存货成本。

（　　）3. 在购买原材料时，如果期末原材料已到达且已验收入库，但发票账单未到，则可以先不进行会计处理，等到下月发票账单到达后再进行会计处理。

（　　）4. 存货是企业的一项流动资产。

（　　）5. 存货按实际成本计价是指每种存货的收发结存，都按收发结存时的市场价格计价。

（　　）6. 存货按计划成本计价是指每种存货的收发结存，都按预先确定的计划成本计价。

（　　）7. 存货清查的目的，主要是进行总账和明细账的核对，做到账账相符。

（　　）8. 当企业外购材料出现"付款在前，收料在后"情况时，应当及时反映已付出的购料款，并将其记入"应付账款"科目的贷方。

（　　）9. "在途物资"科目是材料按计划成本计价核算时设置的，用以反映材料采购的实际成本。

（　　）10. 存货清查中对于自然灾害造成的损失，应计入当期管理费用。

（　　）11. 小规模纳税人无论是否取得增值税专用发票，都应将购入货物支付的增值税进项税额计入所购货物的成本。

（　　）12. 加权平均法的成本计算简单，符合实际情况。

（　　）13. 在先进先出法下，当物价持续上升时，发出的存货成本偏低，期末结存存货成本的价值偏高，从而会高估企业的利润和库存存货的价值；反之，当物价持续下降时，发出的存货成本偏高，期末结存存货成本的价值偏低，从而会低估企业的利润和库存存货的价值。

（　　）14. 在计算材料成本差异率时，"材料成本差异"科目的借方余额用正数，贷方余额用负数。计算得出的材料成本差异，若为正数，则表示为超支差异；若为负数，则表示为节约差异。

（　　）15. 已完成销售手续但购买方在月末仍未提取的产品，应视为企业的库存商品。

四、单项实务题

实　务　一

【目的】　练习存货实际成本计价法发出存货成本的确定方法。

【资料】　某企业 11 月 A01 材料的收发情况如表 4-3 所示。

表 4-3　原材料明细账

材料名称:A01 材料　　　　　　　　　　计量单位:千克　　　　　　　　　　金额单位:元

××年		摘要	收入			发出			结存		
月	日		数量	单价	金额	数量	单价	金额	数量	单价	金额
11	1	期初结存							2 000	3.5	7 000
	4	购入	1 000	3.7	3 700						
	8	发出				1 600					
	12	购入	2 000	3.75	7 500						
	16	发出				2 500					
	28	购入	3 000	3.65	10 950						

【要求】　分别采用个别计价法、先进先出法、全月一次加权平均法和移动加权平均法计算该企业 11 月 A01 材料发出成本和期末结存成本,并登记原材料明细账(见表 4-4 至表 4-7)。

【答题】

表 4-4　原材料明细账(个别计价法)

材料名称:A01 材料　　　　　　　　　　计量单位:千克　　　　　　　　　　金额单位:元

年		摘要	收入			发出			结存		
月	日		数量	单价	金额	数量	单价	金额	数量	单价	金额

表 4-5　原材料明细账(先进先出法)

材料名称:A01 材料　　　　　　　　　计量单位:千克　　　　　　　　　金额单位:元

年		摘要	收入			发出			结存		
月	日		数量	单价	金额	数量	单价	金额	数量	单价	金额

表 4-6　原材料明细账(全月一次加权平均法)

材料名称:A01 材料　　　　　　　　　计量单位:千克　　　　　　　　　金额单位:元

年		摘要	收入			发出			结存		
月	日		数量	单价	金额	数量	单价	金额	数量	单价	金额

全月一次加权平均单价 =

期末结存原材料的实际成本 =

本月发出原材料的实际成本 =

表 4-7　原材料明细账(移动加权平均法)

材料名称:A01 材料　　　　　　　　　计量单位:千克　　　　　　　　　金额单位:元

年		摘要	收入			发出			结存		
月	日		数量	单价	金额	数量	单价	金额	数量	单价	金额

11 月 4 日购入原材料后的加权平均单价 =

11 月 4 日结存原材料的实际成本 =

11 月 8 日发出原材料的实际成本 =

11 月 8 日结存原材料的实际成本 =

11 月 12 日购入原材料后的加权平均单价 =

11 月 12 日结存原材料的实际成本 =

11 月 16 日发出原材料的实际成本 =

11 月 16 日结存原材料的实际成本 =

11 月 28 日购入原材料后的加权平均单价 =

11 月 28 日结存原材料的实际成本 =

11 月 30 日结存原材料的实际成本 =

实　务　二

【目的】　练习原材料收发采用实际成本计价的日常核算。

【资料】　NC公司为增值税一般纳税人,适用税率为13%,原材料收发按实际成本计价核算。该企业2022年4月有关材料采购业务资料如下:

1. 5日,从本市购入AⅡ材料500千克,签发转账支票一张,支付货款及税款共计67 800元,其中买价60 000元,增值税税额7 800元,材料已验收入库。

2. 8日,从外地购入B0材料100千克,收到银行转账结算凭证及相关发票,结算金额总计56 500元,其中买价50 000元,增值税税额6 500元。发生运费700元(含税,取得增值税普通发票),审核后予以支付,但材料尚未运到。

3. 11日,上述B0材料运达并验收入库。

4. 14日,根据购销合同规定,开出转账支票预付C1材料货款70 000元。

5. 20日,收到14日已预付货款的C1材料,并已验收入库。增值税专用发票载明:价款总计70 000元,增值税税额9 100元。开出转账支票9 100元补付款项。

6. 24日,从外地购入B0材料600千克,材料已验收入库,但发票等账单尚未收到,货款未付。

7. 30日,该企业仍未收到24日已验收入库的外购B0材料的货款结算凭证,按合同价暂估入账,该批材料的合同价为20 000元。

8. 30日,汇总结转发出原材料的成本。企业本月仓库发出原材料的实际成本600 000元,其中:生产甲产品耗用350 000元,生产乙产品耗用235 000元,生产车间一般耗用5 000元,企业管理部门耗用2 000元,在建工程耗用8 000元。

【要求】　根据以上经济业务资料,编制相关的会计分录。

【答题】

业务号	业务摘要	会计分录
1		
2		
3		
4		

续表

业务号	业务摘要	会计分录
5		
6		
7		
8		

实 务 三

【目的】 练习原材料采用实际成本计价的日常核算。

【资料】 假设【实务二】中的 NC 公司为增值税小规模纳税人,适用征收率为 3%。该公司原材料收发仍按实际成本计价核算,发生的经济业务不变。

【要求】 根据给出的经济业务资料,编制相关的会计分录。

【答题】

业务号	业务单据	会计分录
1		
2		
3		
4		
5		

续表

业务号	业务单据	会计分录
6		
7		
8		

实 务 四

【目的】　练习原材料收发采用实际成本计价的日常核算。

【资料】　LN 公司为增值税一般纳税人,适用税率为 13%,原材料收发在实际成本计价下按先进先出法核算。该企业 2022 年 4 月 3A 材料有关资料如下:

1. 1 日,从 XF 公司购入 3A 材料 800 千克,单价 20 元,价款为 16 000 元,增值税税额为 2 080 元。3A 材料尚未运到,已开出转账支票支付。

2. 3 日,车间领用 3A 材料 500 千克,用于生产产品。

3. 4 日,从 GM 公司购入 3A 材料 1 000 千克,单价 21 元,价款为 21 000 元,增值税税额 2 730 元。3A 材料已验收入库,款项尚未支付。

4. 6 日,车间领用 3A 材料 300 千克,用于车间一般耗用。

5. 8 日,从 XF 公司购入 3A 材料已验收入库。

6. 10 日,车间领用 3A 材料 1 500 千克,用于生产产品;管理部门领用 3A 材料 300 千克。

7. 12 日,从 GM 公司购入 3A 材料 1 200 千克,单价 18 元,价款 21 600 元,增值税税额 2 808 元。3A 材料尚未运到,已签发银行承兑汇票支付。暂不考虑银行手续费问题。

8. 15 日,车间领用 3A 材料 600 千克,用于车间一般耗用。

9. 18 日,12 日从 GM 公司购入的 3A 材料 1 200 千克已运抵企业,同时用现金支付运输劳务费 100 元。

10. 24 日,车间领用 3A 材料 1 200 千克,用于产品生产。

【要求】　根据上述资料,编制相关的会计分录;登记"原材料——3A 材料"明细账(3A 材料明细账结存 1 600 千克,单位成本 20 元)。

【答题】

(1) 编制会计分录。

业务号	业务单据	会计分录
1		
2		
3		
4		
5		
6		
7		
8		
9		
10		

(2) 登记"原材料——3A 材料"明细账(见表 4-8)。

表 4-8　原材料明细账

材料名称:3A 材料　　　　　　　　　　计量单位:千克　　　　　　　　　　金额单位:元

年		摘要	收入			发出			结存		
月	日		数量	单价	金额	数量	单价	金额	数量	单价	金额

实 务 五

【目的】　练习原材料收发采用实际成本计价的日常核算。

【资料】　假设【实务四】中的 LN 公司为增值税小规模纳税人,适用征收率为 3%。该公司原材料收发仍在实际成本计价下按先进先出法核算,发生的经济业务不变。

【要求】　根据给出的经济业务资料,编制相关的会计分录;登记"原材料——3A 材料"明细账。

【答题】

(1) 编制会计分录。

业务号	业务单据	会计分录
1		
2		
3		
4		
5		
6		
7		
8		
9		
10		

（2）登记"原材料——3A 材料"明细账（见表 4-9）。

表 4-9　原材料明细账

材料名称:3A 材料　　　　　　　　计量单位:千克　　　　　　　　金额单位:元

年		摘要	收入			发出			结存		
月	日		数量	单价	金额	数量	单价	金额	数量	单价	金额

实　务　六

【目的】　练习存货收发按计划成本计价核算下发出存货成本的确定。

【资料】　KO 公司企业 2022 年 10 月初结存 BOM 材料的计划成本为 100 000 元,材料成本差异的月初数为 1 500 元(差异额为超支);本月收入 BOM 材料的计划成本为 150 000 元,材料成本差异为 4 750 元(超支);本月发出 BOM 材料的计划成本为 80 000 元。

【要求】　根据以上给出的资料,计算本月 BOM 材料成本差异率、发出存货应负担的成本差异和发出材料实际成本。

【答题】

本月 BOM 材料成本差异率 =

发出 BOM 材料应负担的成本差异 =

发出 BOM 材料的实际成本 =

实　务　七

【目的】　练习材料成本差异率和差异额的计算。

【资料】　MY 公司月初结存原材料计划成本 230 000 元,本月收入原材料的计划成本 345 000 元,实际成本 350 000 元。本月发出原材料的计划成本为 453 000 元。"材料成本差异——原材料"科目的期初贷方余额为 400 元。

【要求】　根据以上资料,计算本月原材料成本差异率,发出原材料应负担的成本差异及发出原材料的实际成本。

【答题】

原材料成本差异率 =

发出原材料应负担的成本差异 =

发出原材料的实际成本 =

实　务　八

【目的】　练习原材料收发按计划成本计价的日常核算。

【资料】　MY 公司为增值税一般纳税人,适用税率为 13%,原材料收发按计划成本核算,其中,N3 材料计划单位成本为 120 元,N6 材料计划单位成本为 90 元。该公司逐笔结转入库材料的成本和成本差异,月末汇总结转发出材料的成本和成本差异,假设 10 月发生以下经济业务:

1. 9 日,从外地采购 N3 材料 6 000 千克,增值税专用发票上注明:单价 130 元,价款 780 000 元,增值税税额 101 400 元。销售方代垫运费 3 000 元(含税,增值税税率为 9%),材料尚未运到。签发为期两个月的银行承兑汇票一张抵付货款。暂不考虑银行手续费问题。

2. 12 日,本月 9 日从外地购入的 N3 材料运到,验收入库。

3. 19 日,从本市购入 N6 材料 1 000 千克,增值税专用发票上注明:单价 85 元,价款 85 000 元,增值税税额 11 050 元。通过网上银行支付款项,材料已验收入库。

4. 23 日,从外地购入 N6 材料 2 000 千克,增值税专用发票上注明:单价 84 元,价款 168 000 元,增值税税额 21 840 元。销售方代垫运费 2 600 元(含税,增值税税率为 9%),材料尚未运到,货税款及代垫运费已通过网上银行转账汇出。

5. 25 日,从外地购入 N3 材料 1 000 千克,材料已验收入库,但发票等账单尚未收到,货款未付。

6. 31 日,本月 25 日购入并已验收入库的 N3 材料,发票等账单仍未收到,暂按计划成本入账。

7. 31日,企业本月仓库发出原材料的计划成本为800 000元,其中:生产T1产品耗用430 000元,生产T3产品耗用360 000元,生产车间一般耗用7 000元,企业管理部门耗用2 000元,销售部门耗用1 000元。原材料的本月材料成本差异率为1%。

【要求】　根据以上经济业务资料,编制相关的会计分录。

【答题】

业务号	业务摘要	会计分录
1		
2		
3		
4		
5		
6		
7		

实　务　九

【目的】　练习原材料收发采用计划成本计价的日常核算。

【资料】　假设【实务八】中的 MY 公司为增值税小规模纳税人,适用征收率为 3%。该公司原材料收发仍按计划成本计价核算,发生的经济业务不变。

【要求】　根据给出的经济业务资料,编制相关的会计分录。

【答题】

业务号	业务摘要	会计分录
1		
2		
3		
4		
5		
6		
7		

实　务　十

【目的】　练习库存商品核算。

【资料】

1. MY 公司 9 月库存商品和明细账期初余额如下：

库存商品总账月初余额 116 000 元,其中：

　　　T1 产品月初结存 100 吨,单位实际成本 400 元,计 40 000 元;

　　　T3 产品月初结存 200 吨,单位实际成本 380 元,计 76 000 元。

2. 9 月完工产品入库汇总数字如下：

　　　T1 产品 400 吨,单位实际成本 500 元,计 200 000 元;

　　　T3 产品 600 吨,单位实际成本 370 元,计 222 000 元。

3. 9 月售出 T1 产品 300 吨,T3 产品 500 吨,月末结转已售商品的销售成本。

【要求】

1. 根据以上经济业务资料,采用加权平均法计算各种商品的销售成本。

2. 根据以上经济业务资料,编制相关的会计分录。

【答题】

T1 产品加权平均单价 =

T3 产品加权平均单价 =

已销 T1 产品销售成本 =

已销 T3 产品销售成本 =

分录号	业务摘要	会计分录
(1)		
(2)		

实 务 十 一

【目的】 练习委托加工物资的核算。

【资料】 MY 公司为增值税一般纳税人,适用税率为 13%。委托加工物资按实际成本计价核算。9 月委托 SN 公司加工木箱一批,发生以下经济业务:

1. 2 日,发出板材 30 立方米,单位成本 500 元。

2. 4 日,开出转账支票支付上述板材运输费 500 元(含税,增值税税率为 9%)。

3. 18 日,开出转账支票支付木箱加工费 3 000 元(含税,增值税税率为 13%)。

4. 18 日,木箱全部加工完毕,共 300 只,已运抵入库。

【要求】 根据以上经济业务资料,编制相关的会计分录。

【答题】

业务号	业务摘要	会计分录
1		
2		
3		
4		

实 务 十 二

【目的】 练习委托加工物资的核算。

【资料】 假设【实务十一】中的 MY 公司为增值税小规模纳税人,适用征收率为 3%。该公司委托加工物资收发仍按实际成本计价核算,发生的经济业务不变。

【要求】 根据给出的经济业务资料,编制相关的会计分录。

【答题】

业务号	业务摘要	会计分录
1		
2		
3		
4		

实 务 十 三

【目的】 练习包装物的核算。

【资料】 MY公司为增值税一般纳税人,适用税率为13%。包装物采用实际成本计价进行日常核算,9月发生以下经济业务:

1. 2日,生产领用包装物一批,实际成本500元,用于包装产品。

2. 6日,完工入库包装物一批,实际成本620元。

3. 12日,销售产品领用包装物一批,实际成本800元,单独计价。

4. 15日,销售产品领用包装物一批,实际成本1 000元,不单独计价。

5. 18日,出租包装物一批,为期5个月,实际成本1 500元,收到本月租金300元(含税,增值税税率为13%),押金1 200元(该批包装物摊销采用一次转销法)。

【要求】 根据以上经济业务资料,编制相关的会计分录。

【答题】

业务号	业务摘要	会计分录
1		
2		
3		

续表

业务号	业务摘要	会计分录
4		
5		

实 务 十 四

【目的】　练习包装物的核算。

【资料】　假设【实务十三】中的 MY 公司为增值税小规模纳税人,适用征收率为 3%。该公司包装物收发仍按实际成本计价核算,发生的经济业务不变。

【要求】　根据给出的经济业务资料,编制相关的会计分录。

【答题】

业务号	业务摘要	会计分录
1		
2		
3		
4		
5		

实 务 十 五

【目的】 练习低值易耗品的核算。

【资料】 MY 公司为增值税一般纳税人,适用税率为 13%,低值易耗品收发采用实际成本计价进行日常核算。该公司发生以下经济业务:

1. 9 月 1 日,购入低值易耗品一批,实际成本 4 000 元,增值税税额 520 元,通过网上银行转账支付。

2. 9 月 5 日,生产车间领用该批低值易耗品。

3. 12 月 1 日,该批低值易耗品报废,取得残料收入 150 元(含税,开具增值税普通发票)。

【要求】 根据以上经济业务资料,编制相关的会计分录(该批低值易耗品摊销采用分次摊销法)。

【答题】

业务号	业务摘要	会计分录
1		
2		
3		

实 务 十 六

【目的】 练习低值易耗品的核算。

【资料】 假设【实务十五】中的 MY 公司为增值税小规模纳税人,适用征收率为 3%。该公司低值易耗品收发仍按实际成本计价核算,发生的经济业务不变。

【要求】　根据给出的经济业务资料,编制相关的会计分录。

【答题】

业务号	业务摘要	会计分录
1		
2		
3		

实 务 十 七

【目的】　练习存货清查的核算。

【资料】　XMY 公司为增值税一般纳税人,适用税率为 13%。该公司在对原材料进行清查时,根据清查情况编制存货盘点报告表,如表 4-10 所示。

表 4-10　原材料盘点报告表

存货名称规格	计量单位	数量		单价	盘盈		盘亏		原因
		账存	实存		数量	金额	数量	金额	
L_0	千克	500	490	16			10	160	自然挥发
L_1	千克	300	306	5	6	30			空气潮湿
L_2	件	450	448	250			2	500	人为偷盗
L_3	吨	320	300	500			20	10 000	下暴雨被淹

(1) 原材料盘盈原因已查明,并得到批准:L_1 材料的空气潮湿属于定额内自然升溢,可直接冲销原来会计分录,并调整该材料的结存单价。

(2) 原材料盘亏原因已查明,并得到批准:L_0 材料的自然挥发仍在定额内损耗范围,可直接冲销原来会计分录,并调整该材料的结存单价;L_2 材料的人为偷盗属于仓管员管理不善,应由仓管员赔偿,该材料的增值税进项税额不能抵扣,应予以转出,计入营业外支出;L_3 材料的损失属于自然灾害损失,由保险公司赔偿 8 000 元后剩余部分计入营业外支出。

【要求】　根据以上经济业务资料,编制相关的会计分录。

【答题】

业务号	业务摘要	会计分录
(1)		
(2)		

实 务 十 八

【目的】　练习存货清查的核算。

【资料】　假设【实务十七】中的 XMY 公司为增值税小规模纳税人,适用征收率为 3%。该公司原材料收发仍按实际成本计价核算,发生的经济业务不变。

【要求】　根据给出的经济业务资料,编制相关的会计分录。

【答题】

业务号	业务摘要	会计分录
(1)		

业务号	业务摘要	会计分录
(2)		

五、综合实务题

1. LIN 公司为增值税一般纳税人,适用税率为 13%,存货收发按实际成本计价核算。该公司 8 月发生以下经济业务:

(1) 1 日,从 DFG 公司购入 Y_1 材料 200 000 元,增值税税额 26 000 元,已通过网上银行转账汇款,材料尚未运到。

(2) 5 日,上述 Y_1 材料运达并验收入库。

(3) 8 日,发出 B_0 材料委托 GH 公司代为加工成包装容器。B_0 材料实际成本 8 000 元,另支付运费 400 元(含税,取得增值税普通发票)。

(4) 15 日,购入低值易耗品 2 000 元,验收入库并开出转账支票付款。

(5) 16 日,上月出租的包装物已不能使用,现予以报废,残料估价 100 元(该包装物的摊销方法为一次转销法)。

(6) 18 日,销售产品时,领用包装物一批,实际成本 1 000 元,不单独计价。

(7) 25 日,生产完工入库产品 1 000 件,实际单位成本 300 元。

(8) 31 日,从外地购入的 C_1 材料已到货。该材料的合同价为 28 000 元,月末账单未到。

(9) 本月销售商品,售价 150 000 元(含税)。款项已收存银行,该批商品的实际成本是 100 000 元。

(10) 月末根据发料凭证汇总表,本月生产耗用材料实际成本 20 000 元,车间一般耗用 10 000 元,管理部门领用 5 000 元,销售部门领用 5 000 元。

【要求】 根据以上经济业务资料,编制相关的会计分录。

【答题】

业务号	业务摘要	会计分录
(1)		
(2)		
(3)		
(4)		
(5)		
(6)		
(7)		
(8)		
(9)		
(10)		

2. 假设业务 1 中的 LTN 公司为增值税小规模纳税人,适用征收率为 3%,该公司存货收发仍按实际成本计价核算,发生的经济业务不变。

【要求】 根据给出的经济业务资料,编制相关的会计分录。

【答题】

业务号	业务摘要	会计分录
(1)		
(2)		
(3)		
(4)		
(5)		
(6)		
(7)		
(8)		
(9)		

续表

业务号	业务摘要	会计分录
(10)		

3. EP 公司为增值税一般纳税人,适用税率为 13%,采用实际成本计价进行存货收发日常核算。2022 年 9 月 1 日,该公司有关科目的期初余额如下:在途物资 200 000 元;预付账款——DP 公司 20 000 元;委托加工物资——VB 公司 40 000 元;包装物 30 000 元;原材料 1 000 000 元(注:"原材料"科目期初余额中包括上月末材料已到但发票账单未到而暂估入账的 50 000 元)。2022 年 9 月发生如下经济业务:

(1) 1 日,对上月末暂估入账的原材料进行冲回。

(2) 3 日,在途物资全部收到,验收入库。

(3) 8 日,从 MA 公司购入材料一批,增值税专用发票上载明:价款为 1 000 000 元,增值税税额为 130 000 元。另外,MA 公司还代垫运费 10 000 元(含税,增值税税率为 9%,下同)。全部货款已通过网上银行转账汇款付清,材料验收入库。

(4) 10 日,收到上月委托 VB 公司加工的包装物并验收入库,入库成本为 40 000 元(假定加工费已在上月支付)。

(5) 13 日,持银行汇票 242 000 元从 CR 公司购入材料一批,增值税专用发票上载明:价款为 200 000 元,增值税税额为 26 000 元,另支付运费 8 000 元(含税,取得增值税普通发票),材料已验收入库。

(6) 18 日,收到上月末估价入账的材料发票等账单,增值税专用发票上载明:价款为 50 000 元,增值税税额为 6 500 元,开出银行承兑汇票承付。暂不考虑银行手续费问题。

(7) 22 日,收到 DP 公司发运来的材料并验收入库。增值税专用发票上载明:价款为 40 000 元,增值税税额为 5 200 元,对方代垫运费 400 元(含税,取得增值税普通发票)。收到材料后用银行存款补付余款。

(8) 25 日,接受 MA 公司捐赠的 C3 材料,增值税专用发票载明:价款为 100 000 元,增值税税额 13 000 元。

(9) 30 日,盘盈 C3 材料,估计市场价格为 10 000 元。

(10) 30 日,结转本月随同产品出售、单独计价的包装物的成本 40 000 元。

(11) 30 日,根据"发料凭证汇总表",9 月基本生产车间生产领用材料 800 000 元,辅助生产车间领用材料 120 000 元,车间管理部门领用材料 20 000 元,企业行政管理部门领用材料 30 000 元。

【要求】 根据以上经济业务资料,编制相关的会计分录("应交税费"科目要求写出明细科目)。

【答题】

业务号	业务摘要	会计分录
(1)		
(2)		
(3)		
(4)		
(5)		
(6)		
(7)		
(8)		
(9)		
(10)		
(11)		

4. 假设业务 3 中的 EP 公司为增值税小规模纳税人,适用征收率为 3%,存货收发仍按实际成本计价核算。该公司发生的经济业务不变。

【要求】 根据给出的经济业务资料,编制相关的会计分录。

【答题】

业务号	业务摘要	会计分录
(1)		
(2)		
(3)		
(4)		
(5)		
(6)		
(7)		
(8)		
(9)		
(10)		
(11)		

5. YU 公司为增值税一般纳税人,适用税率为 13%。原材料收发按计划成本计价核算。J_0 材料单位计划成本 100 元。月初"原材料——J_0 材料"科目余额为 10 000 元,"材料成本差异——J_0 材料"科目余额为贷方 100 元,"材料采购——J_0 材料"科目余额为 20 000 元。本月发生如下经济业务:

(1) 5 日,收到上月购入的 J_0 材料并入库,数量为 210 千克。

(2) 13 日,基本生产车间生产领用 J_0 材料 100 千克。

(3) 15 日,向银行申请银行汇票 150 000 元,款项已划拨。暂不考虑银行手续费问题。

(4) 16 日,持上述银行汇票购进 J_0 材料 1 300 千克,买价 123 500 元,增值税税额 16 055 元,运费 3 500 元(含税,取得增值税普通发票,下同)。材料验收入库时发现短缺 5 千克,经查为运输途中的合理损耗。收到银行余款退回通知,汇票余款已退回。

(5) 23 日,基本生产车间生产领用 J_0 材料 1 000 千克,车间管理部门领用 100 千克。

(6) 28 日,购进 J_0 材料 500 千克,买价 48 500 元,增值税税额 6 305 元,运费 1 000 元(含税)。款项尚未支付,材料尚未运达。

【要求】

(1) 根据以上经济业务资料,编制相关的会计分录。

(2) 计算本期材料成本差异率(保留到 0.01%),并编制本期发出材料应负担差异的分录。

(3) 计算本期发出材料以及月末结存材料的实际成本。

【答题】

业务号	业务摘要	会计分录
(1)		
(2)		
(3)		
(4)		
(5)		

续表

业务号	业务摘要	会计分录
(6)		

本期材料成本差异率 =

发出材料应负担的成本差异 =

月末结存材料的实际成本 =

6. 假设业务 5 中的 YU 公司为增值税小规模纳税人,适用征收率为 3%,原材料收发仍按计划成本计价核算。该公司发生的经济业务不变。

【要求】 根据给出的经济业务资料,编制相关的会计分录。

【答题】

业务号	业务摘要	会计分录
(1)		
(2)		
(3)		

业务号	业务摘要	会计分录
(4)		
(5)		
(6)		

本期材料成本差异 =

发出材料应负担的成本差异 =

月末结存材料的实际成本 =

第五章

固定资产

知识梳理

本章的学习内容及重难点、关键点见表 5-1。

表 5-1   本章的学习内容及重难点、关键点

知识要点			重点	难点	关键点
固定资产的概念			√		
固定资产的特征			√		
固定资产的分类	按经济用途分类	生产经营用固定资产	√		
		非生产经营用固定资产	√		
	按所有权分类	自有固定资产	√		
		融资租入固定资产	√		
	按使用情况分类	使用中的固定资产	√		
		未使用的固定资产	√		
		不需用的固定资产	√		
	按综合分类	生产经营用固定资产	√		
		非生产经营用固定资产	√		
		租出固定资产	√		
		不需用固定资产	√		
		未使用固定资产	√		
		土地	√		
		融资租入固定资产	√		
固定资产计价	原始价值		√		
	重置价值			√	
	折余价值		√		
	现值			√	
固定资产应设置的会计科目	固定资产		√		√
	工程物资		√		√
	在建工程		√	√	√
	固定资产清理		√	√	√
	累计折旧		√	√	
固定资产的取得	外购固定资产	购入不需要安装	√		
		购入需要安装	√	√	
	自行建造固定资产	自营方式		√	
		出包方式	√		

续表

知识要点			重点	难点	关键点
固定资产的处置	固定资产终止确认的条件				
	出售、报废、毁损的核算		√	√	
	清查的核算		√		
固定资产折旧的概念			√		
影响计提固定资产折旧的因素	固定资产原值		√		
	固定资产使用寿命		√		
	预计净残值		√		
	已提足折旧		√		
固定资产折旧范围	折旧的空间范围		√		
	折旧的时间范围		√		
	确定折旧范围时应注意的问题				
固定资产折旧的方法	年限平均法		√		√
	工作量法		√		
	双倍余额递减法			√	
	年数总和法			√	
固定资产折旧的核算			√		
固定资产后续支出	固定资产后续支出的概念		√		
	固定资产的修理	特点			
		核算	√		
	固定资产的改扩建	特点			
		核算		√	

相关法规

本章可能涉及的法律法规见表 5-2。

表 5-2　本章可能涉及的法律法规

法律法规名称	修订、颁布或施行时间
小企业会计准则	2013 年 1 月 1 日
小企业会计准则——会计科目、主要账务处理和财务报表	2013 年 1 月 1 日
企业会计准则第 4 号——固定资产	2007 年 1 月 1 日
企业会计准则第 14 号——收入	2018 年 1 月 1 日
企业会计准则第 21 号——租赁	2019 年 1 月 1 日
中国人民银行支付结算办法	1997 年 12 月 1 日

续表

法律法规名称	修订、颁布或施行时间
中华人民共和国增值税暂行条例	2017 年 11 月 19 日
中华人民共和国增值税暂行条例实施细则	2011 年 11 月 1 日
关于全面推开营业税改征增值税试点的通知	2016 年 5 月 1 日
关于调整增值税税率的通知	2018 年 5 月 1 日
关于深化增值税改革有关政策的公告	2019 年 4 月 1 日
关于深化增值税改革有关事项的公告	2019 年 4 月 1 日

关键概念

1. 固定资产

固定资产是指企业为生产产品、提供劳务、出租或经营管理而持有的,使用寿命超过 1 年的有形资产,包括房屋、建筑物、机器、机械、运输工具、设备、器具、工具等。

2. 生产经营用固定资产

生产经营用固定资产是指直接服务于企业生产经营活动过程的各种固定资产,如生产经营用的房屋、建筑物、机器、器具、设备、工具等。

3. 非生产经营用固定资产

非生产经营用固定资产是指不直接服务于生产经营活动过程的各种固定资产,如企业的职工宿舍、食堂、浴室等使用的房屋、设备和其他固定资产。

4. 自有固定资产

自有固定资产是指企业拥有所有权的各种固定资产。

5. 融资租入固定资产

融资租入固定资产是指在租赁期间,企业不拥有所有权但拥有实质控制权的各种固定资产。

6. 使用中固定资产

使用中固定资产是指正在使用中的各种固定资产。

7. 未使用固定资产

未使用固定资产是指尚未投入使用或暂停使用的各种固定资产。

8. 不需用固定资产

不需用固定资产是指不适合本企业需要,准备出售的各种固定资产。

9. 租出固定资产

租出固定资产是指企业以经营租赁方式出租给外单位使用的固定资产。

10. （固定资产）原始价值

（固定资产）原始价值也称为原价或原值，即固定资产的成本，是指购建的固定资产在达到预定可使用状态前发生的全部耗费的货币表现。

11. （固定资产）重置价值

（固定资产）重置价值是指企业在当前的条件下，重新购置同样的固定资产所需的全部耗费的货币表现。

12. （固定资产）折余价值

（固定资产）折余价值也称为净值，是指固定资产原值减去已提折旧后的余额。

13. 固定资产现值

固定资产现值是指固定资产在使用期间及处置时产生的未来净现金流量的折现值。

14. 自行建造的固定资产

自行建造的固定资产是指企业利用自己的力量自营建造或者出包给他人建造的固定资产。

15. 自营工程

自营工程是指企业自行组织采购工程物资，自行组织人员施工的建筑工程或安装工程。

16. 出包工程

出包工程是指企业通过招标方式将工程项目发给建造承包商，由建造承包商组织施工的建筑工程和安装工程。

17. 固定资产折旧

固定资产折旧简称折旧，是指固定资产由于损耗而减少的价值。

18. 有形损耗

有形损耗是指固定资产在使用过程中由于使用或自然力的影响在使用价值和价值上的损耗。

19. 无形损耗

无形损耗是指由于技术进步而引起的固定资产价值上的损耗。

20. 固定资产使用寿命

固定资产使用寿命是指企业固定资产预期使用的期限，或者该固定资产所能生产的产品或提供劳务的数量。

21. 固定资产预计净残值

固定资产预计净残值是指假定固定资产预计使用寿命已满，从该项固定资产处置中获得的扣除预计处置费用后的金额。

22. 已提足折旧

已提足折旧是指已经提足该项固定资产的应计折旧额。

23. 年限平均法

年限平均法又称直线法,是指按照固定资产的预计使用年限将固定资产的应计折旧额均衡地分摊到各期的一种方法。

24. 个别折旧率

个别折旧率是指按某项固定资产逐个计算的折旧率。

25. 分类折旧率

分类折旧率是指将性质、结构和使用年限大体相同的固定资产归并为同一类计算的折旧率。

26. 工作量法

工作量法是指按照固定资产预计完成的工作总量平均计提折旧的一种方法。

27. 双倍余额递减法

双倍余额递减法是指在不考虑固定资产净残值的情况下,根据每期期初固定资产原值减去累计折旧后的余额,以及双倍的直线法折旧率计算固定资产折旧的一种方法。

28. 年数总和法

年数总和法又称年限合计法或总和年限法,是指将固定资产的原值减去预计净残值后的余额,乘以一个逐年递减的分数计算每年的折旧额的一种方法。

29. 固定资产后续支出

固定资产后续支出是指企业的固定资产在投入使用过程中,为了适应新技术发展的需要,或者为了维护或提高固定资产的使用效能,对现有固定资产进行维护、修理、改建、扩建或者改良等发生的各项必要支出。

30. 固定资产的改扩建

固定资产的改扩建是指对原有固定资产进行的改良和扩充。

31. 固定资产的改建

固定资产的改建是指为了提高固定资产的质量而采取的措施,如用先进的自动化装置替换性能较低的原有设备等。

32. 固定资产的扩建

固定资产的扩建是指为了提高固定资产的生产能力或运营能力而采取的措施,如房屋增建楼层等。

本章训练

一、单项选择题

1. 凡不符合固定资产确认标准的劳动资料,应将其列为(　　　)。

　　A. 低值易耗品 　　　　　　　　B. 包装物

　　C. 原材料 　　　　　　　　　　D. 工程物资

2. 购入机器设备所支付的增值税，应（　　　）。

　　A. 记作进项税额予以抵扣 　　　B. 计入所购固定资产成本

　　C. 记作已交税金予以抵扣 　　　D. 计入企业经营成本

3. 企业购入需要安装的固定资产，不论采用何种安装方式，固定资产的全部安装成本（包括固定资产买价、运输费、安装费等）均应通过（　　　）科目进行核算。

　　A. 固定资产 　　　　　　　　　B. 在建工程

　　C. 工程物资 　　　　　　　　　D. 长期投资

4. 某企业购入机器一台，实际支付价款 85 000 元，增值税税额 11 050 元。另外，支付运输费 1 500 元，增值税税额 135 元；安装费 1 000 元，增值税税额 90 元。则该企业设备入账的原值为（　　　）元。

　　A. 87 500 　　　　　　　　　　B. 87 725

　　C. 96 050 　　　　　　　　　　D. 98 775

5. 一项不动产以 20 000 元（含税，增值税税率为 9%）的价格出售。该不动产已提折旧 25 000 元，出售时获得净收益 4 000 元，发生清理费用 1 000 元（含税，取得增值税普通发票）。则该项固定资产的原值为（　　　）元。

　　A. 20 000 　　　　　　　　　　B. 50 000

　　C. 38 348.82 　　　　　　　　　D. 19 000

6. 计提固定资产折旧时，可以先不考虑固定资产残值的方法是（　　　）。

　　A. 年限平均法 　　　　　　　　B. 工作量法

　　C. 双倍余额递减法 　　　　　　D. 年数总和法

7. 与年限平均法相比，采用双倍余额递减法对固定资产计提折旧将使（　　　）。

　　A. 计提折旧的初期，企业利润减少，固定资产净值减少

　　B. 计提折旧的初期，企业利润减少，固定资产原值减少

　　C. 计提折旧的后期，企业利润减少，固定资产净值减少

　　D. 计提折旧的后期，企业利润减少，固定资产原值减少

8. 不属于固定资产计价标准的是（　　　）。

　　A. 原始价值 　　　　　　　　　B. 使用价值

　　C. 折余价值 　　　　　　　　　D. 重置价值

9. 固定资产清理结束后，应将净损失转入（　　　）科目。

　　A. 管理费用 　　　　　　　　　B. 制造费用

　　C. 营业外支出 　　　　　　　　D. 营业外收入

10. 自行建造房屋建筑物等建筑工程领用自产产品涉及的增值税,应(　　)科目。

A. 借记"应交税费——应交增值税(进项税额转出)"

B. 贷记"应交税费——应交增值税(销项税额)"

C. 借记"原材料"

D. 贷记"在建工程"

11. 年数总和法下的固定资产年折旧额,为(　　)与以逐年递减年折旧率的积。

A. 固定资产原值 　　　　　　　B. 年初固定资产折余价值

C. 固定的折旧基数 　　　　　　D. 上年初固定资产折余价值

12. 双倍余额递减法下的固定资产年折旧额,为(　　)与以双倍直线折旧率的积。

A. 固定资产原值 　　　　　　　B. 年初固定资产折余价值

C. 固定的折旧基数 　　　　　　D. 上年初固定资产折余价值

13. 购入需要安装的固定资产应先通过(　　)科目。

A. 固定资产 　　　　　　　　　B. 在建工程

C. 工程物资 　　　　　　　　　D. 累计折旧

14. 企业购入不需要安装的固定资产,正确的会计分录是(　　)。

A. 借:原材料

应交税费——应交增值税(进项税额)

贷:银行存款

B. 借:周转材料

应交税费——应交增值税(进项税额)

贷:银行存款

C. 借:固定资产

应交税费——应交增值税(进项税额)

贷:银行存款

D. 借:工程物资

应交税费——应交增值税(进项税额)

贷:银行存款

15. 不计提折旧的固定资产是(　　)。

A. 闲置的房屋 　　　　　　　　B. 融资租入的设备

C. 临时出租的设备 　　　　　　D. 已提足折旧仍继续使用的设备

16. 与年限平均法相比,采用年数总和法对固定资产计提折旧将使(　　)。

A. 计提折旧的初期,企业利润减少,固定资产净值减少

B. 计提折旧的初期,企业利润减少,固定资产原值减少

C. 计提折旧的后期,企业利润减少,固定资产净值减少

D. 计提折旧的后期,企业利润减少,固定资产原值减少

17. 固定资产改扩建支出应先通过（　　　）科目。

A. 固定资产

B. 在建工程

C. 管理费用

D. 长期待摊费用

18. 某企业出售一幢办公楼。该办公楼账面原价 370 万元,累计折旧 115 万元。出售取得价款 360 万元(含税,增值税税率为 9%),发生清理费用 10 万元(含税,增值税税率为 9%)。则企业出售该幢办公楼确认的净收益为（　　　）万元。

A. –10

B. 66.11

C. 255

D. 105

19. 某企业 2020 年 12 月 31 日购入一台设备,入账价值 90 万元,预计使用年限 5 年,预计净残值 6 万元,按年数总和法计算折旧。该设备 2022 年计提的折旧额为（　　　）万元。

A. 16.8

B. 21.6

C. 22.4

D. 24

20. 为了核算因出售、报废等原因处置的固定资产,企业应设置（　　　）科目。

A. 固定资产

B. 累计折旧

C. 固定资产清理

D. 待处理财产损溢

二、多项选择题

1. 企业取得的固定资产应当包括企业为购建某项固定资产达到预定可使用状态前所发生的一切（　　　　　）支出。

A. 正常的

B. 合理的

C. 标准的

D. 必要的

2. 可以构成固定资产价值的内容有（　　　　　）。

A. 安装成本

B. 融资租入固定资产的设备价款

C. 支付的增值税

D. 运输费和包装费

3. 固定资产在购建时需记入"在建工程"科目的有（　　　　　）。

A. 不需安装的固定资产

B. 需要安装的固定资产

C. 固定资产的改扩建

D. 固定资产的大修理

4. 间接服务于生产经营活动过程的固定资产有（　　　　　）。

A. 管理用具

B. 驻外办事处的房屋

C. 职工食堂的设备

D. 专设科研机构的房屋

5. 固定资产按其使用情况不同,可分为（　　　　　）。

A. 使用中的固定资产

B. 未使用的固定资产

　　C. 不需用的固定资产　　　　　　　　D. 经营租出的固定资产

6. 外购固定资产发生（　　　　　　）支出应计入固定资产成本。

　　A. 实际支付的买价　　　　　　　　　B. 实际支付的运输费

　　C. 实际支付的增值税　　　　　　　　D. 实际支付的前欠价款

7. 通过"固定资产清理"科目核算的业务有（　　　　　　）。

　　A. 出售固定资产　　　　　　　　　　B. 固定资产报废

　　C. 固定资产毁损　　　　　　　　　　D. 固定资产盘盈

8. "固定资产清理"科目贷方登记的项目有（　　　　　　）。

　　A. 转入清理的固定资产净值　　　　　B. 变价收入

　　C. 结转的清理净收益　　　　　　　　D. 结转的清理净损失

9. 对固定资产清理后净收益的处理，不会涉及的贷方科目有（　　　　　　）。

　　A. 固定资产清理　　　　　　　　　　B. 营业外收入

　　C. 管理费用　　　　　　　　　　　　D. 营业外支出

10. 对固定资产清理后净损失的处理，不会涉及的借方科目有（　　　　　　）。

　　A. 固定资产清理　　　　　　　　　　B. 营业外收入

　　C. 管理费用　　　　　　　　　　　　D. 营业外支出

11. 应计提折旧的固定资产有（　　　　　　）。

　　A. 季节性停用的　　　　　　　　　　B. 大修理停用的

　　C. 经营租入的　　　　　　　　　　　D. 融资租入的

12. 计提折旧核算可能涉及的借方科目有（　　　　　　）。

　　A. 制造费用　　　　　　　　　　　　B. 管理费用

　　C. 财务费用　　　　　　　　　　　　D. 其他业务成本

13. 第一年度提取折旧时，就需要考虑固定资产净残值的折旧方法有（　　　　　　）。

　　A. 年限平均法　　　　　　　　　　　B. 工作量法

　　C. 双倍余额递减法　　　　　　　　　D. 年数总和法

14. 双倍余额递减法和年数总和法的共同点包括（　　　　　　）。

　　A. 属于加速折旧法　　　　　　　　　B. 每期折旧率固定

　　C. 前期折旧高，后期折旧低　　　　　D. 不考虑净残值

15. 不能在"固定资产"科目核算的有（　　　　　　）。

　　A. 购入正在安装的设备　　　　　　　B. 经营租入的设备

　　C. 融资租入不需安装的设备　　　　　D. 购入不需安装的设备

16. 固定资产租赁按其性质和形式的不同，可分为（　　　　　　）。

　　A. 一次租赁　　　　　　　　　　　　B. 多次租赁

  C. 经营租赁   D. 融资租赁

17. 在我国,允许使用的加速折旧方法主要有(　　　　　)。

  A. 年限平均法   B. 工作量法

  C. 年数总和法   D. 双倍余额递减法

18. 关于固定资产取得的核算,企业应设置(　　　　　)科目。

  A. 固定资产   B. 累计折旧

  C. 工程物资   D. 在建工程

19. 固定资产损耗包括(　　　　　)。

  A. 定额内损耗   B. 非定额内损耗

  C. 有形损耗   D. 无形损耗

20. 影响计提固定资产折旧的因素有(　　　　　)。

  A. 原值   B. 使用寿命

  C. 预计净残值   D. 已提足折旧

三、判断题

(　　　)1. 企业对经营租入和融资租入的固定资产均不拥有所有权,故租入时均不必进行账务处理,只需在备查簿中进行登记。

(　　　)2. 购置不需要经过建造过程即可使用的固定资产,其入账价值不应包括安装成本这部分支出。

(　　　)3. 采用出包方式进行自制、自建固定资产工程时,企业支付给建造承包商的工程价款通过“预付账款”科目核算。

(　　　)4. 计提固定资产折旧,只需考虑固定资产有形损耗,无须考虑其他因素。

(　　　)5. 企业一般按月提取折旧,当月增加的当月开始计提,当月减少的当月不提。

(　　　)6. 已达到预定可使用状态的固定资产,无论是否交付使用,都应计提折旧。

(　　　)7. 无论固定资产是融资租入还是经营租入,其租入方均需计提折旧。

(　　　)8. 固定资产的后续支出,包括企业对固定资产进行维护、改建、扩建或者改良等所发生的支出。

(　　　)9. 对于经营租出的固定资产计提的折旧,应借记“销售费用”科目。

(　　　)10. 固定资产的后续支出一律计入固定资产成本。

(　　　)11. 所有固定资产的处置均应通过“固定资产清理”科目。

(　　　)12. 工作量法计提折旧的特点是每年提取的折旧额相等。

(　　　)13. 年数总和法是一种不考虑固定资产净残值的快速折旧方法。

(　　　)14. 固定资产盘亏的核算应通过“待处理财产损溢”科目。

(　　　)15. 企业若为小规模纳税人,购入固定资产时支付的增值税进项税额不能从销项税额中抵扣。

（　　　）16. 固定资产在安装过程中领用了原材料,不需要做进项税额转出。

（　　　）17. 企业购买或自行建造的不动产所包含的增值税进项税额不得抵扣。

（　　　）18. 固定资产的使用寿命、预计净残值及折旧方法一经确定,不得随意变更。

（　　　）19. 因进行大修理而停用的固定资产,可以暂不提折旧,待达到预定可使用状态后再恢复计提。

（　　　）20. 已提足折旧的固定资产和经营租入的固定资产发生的改建支出应当计入长期待摊费用。

四、单项实务题

实　务　一

【目的】　练习固定资产增加的核算。

【资料】　GZ 公司为增值税一般纳税人,适用税率为 13%。该公司发生以下经济业务:

1. 购入不需要安装的机床一台,不含税价款 99 450 元,含税运费 6 000 元(增值税税率为 9%)。款项已支付,机床已交付生产车间使用。

2. 企业开出转账支票一张,购入一台需要安装的生产设备,不含税价款 250 000 元。含税运费 4 500 元(增值税税率为 9%)。该设备由销售方负责安装,安装完毕后支付的安装调试费为含税 2 600 元(增值税税率为 9%)。

3. 上述需要安装的生产设备安装完毕,交付生产车间使用。

【要求】　根据以上经济业务资料,编制相关的会计分录。

【答题】

业务号	业务摘要	会计分录
1		
2		
3		

实　务　二

【目的】　练习固定资产增加的核算。

【资料】　假设【实务一】中的 GZ 公司为增值税小规模纳税人,适用征收率为 3%。该公司发生的经济业务不变,均取得增值税普通发票。

【要求】　根据给出的经济业务资料,编制相关的会计分录。

【答题】

业务号	业务摘要	会计分录
1		
2		
3		

实　务　三

【目的】　练习自行建造固定资产的核算。

【资料】　GZ 公司为增值税一般纳税人,适用税率为 13%。该公司以自营方式建造一座厂房,发生如下经济业务:

1. 购入工程专用设备一套,买价 800 000 元,增值税税额 104 000 元。款项用银行存款支付,设备已验收入库。

2. 购入工程用材料一批,买价 600 000 元,增值税税额 78 000 元,含税运费 2 000 元(增值税税率为 9%)。款项用银行存款支付,材料已验收入库。

3. 领用全部工程专用设备和工程用材料。

4. 工程领用生产用原材料 4 000 元。

5. 发生应付安装工人工资 250 000 元。

6. 工程完工验收合格并交付使用。

【要求】　根据以上经济业务资料,编制相关的会计分录。

【答题】

业务号	业务摘要	会计分录
1		
2		
3		
4		
5		
6		

实　务　四

【目的】　练习固定资产增加的核算。

【资料】　假设【实务三】中的 GZ 公司为增值税小规模纳税人,适用征收率为 3%。该公司发生的经济业务不变,均取得增值税普通发票。

【要求】　根据给出的经济业务资料,编制相关的会计分录。

【答题】

业务号	业务摘要	会计分录
1		
2		

续表

业务号	业务摘要	会计分录
3		
4		
5		
6		

实 务 五

【目的】 练习固定资产折旧的计提。

【资料】 CJ 公司发生下列经济业务：

1. 一辆汽车原值 180 000 元,预计净残值率为 4%,预计使用年限为 8 年。

2. 大型货车一辆,原值 220 000 元,预计净残值 10 000 元,预计工作总时数 2 000 小时。该货车本月实际作业 10 小时。

3. 采矿设备一套,原值 150 000 元,预计净残值 6 000 元,预计采矿量 800 000 吨。该设备本月实际采矿 12 000 吨。

【要求】 根据以上经济业务资料计算出各项固定资产本月应提折旧额。

【答题】

1. 年折旧率 =

月折旧率 =

月折旧额 =

2. 本月应提折旧额 =

3. 本月应提折旧额 =

实　务　六

【目的】　练习固定资产折旧的计提。

【资料】　2017年12月,CJ公司购入一台设备,当月投入使用。该设备的原值为158 000元,预计使用年限为5年,预计净残值为8 000元。

【要求】　分别采用年数总和法、双倍余额递减法列式计算各年的折旧率和折旧额。

【答题】

1. 采用年数总和法计算:

2018 年折旧率 =

2018 年年折旧额 =

2019 年折旧率 =

2019 年年折旧额 =

2020 年折旧率 =

2020 年年折旧额 =

2021 年折旧率 =

2021 年年折旧额 =

2022 年折旧率 =

2022 年年折旧额 =

2. 采用双倍余额递减法计算:

2018 年年折旧额 =

2019 年年折旧额 =

2020 年年折旧额 =

2021 年和 2022 年年折旧额 =

实　务　七

【目的】　练习固定资产折旧的核算。

【资料】　CJ 公司 4 月发生下列经济业务:

1. 生产用设备类固定资产:3 月应计提的折旧额为 50 000 元,3 月增加设备应计提折旧额 6 000 元,3 月减少设备应计提折旧额 7 000 元。

2. 管理用房屋:3 月交付使用的一幢新办公楼,原值 8 000 000 元,预计可使用 30 年,预计净残值 260 000 元。

【要求】

1. 列式计算生产用设备 4 月应计提的折旧额,并编制相应的会计分录。

2. 根据年限平均法列式计算该办公楼的年折旧额、年折旧率、预计净残值率以及 4 月应提取的折旧额,并编制相应的会计分录。

【答题】

生产用设备类固定资产应提折旧额 =

管理用房屋年折旧额 =

管理用房屋年折旧率 =

管理用房屋预计净残值率 =

管理用房屋 4 月折旧额 =

业务号	业务摘要	会计分录
1		
2		

实　务　八

【目的】　练习固定资产后续支出的核算。

【资料】 为了满足生产发展的需要,GZ公司决定对现有的一条生产线(原值为120 000元,已计提折旧额为70 000元,账面价值为50 000元)进行升级改造。2022年4月1日至9月30日,经过6个月的改建,完成了对这条生产线的升级改造,用银行存款支付改造工程款30 000元,增值税税率为9%,增值税税额为2 700元。2022年9月30日该生产线扩建工程达到预定可使用状态交付使用。

【要求】 根据以上经济业务资料,编制相关的会计分录。

【答题】

分录号	业务摘要	会计分录
(1)		
(2)		
(3)		

实 务 九

【目的】 练习固定资产后续支出的核算。

【资料】 假设【实务八】中的GZ公司为增值税小规模纳税人,适用征收率为3%。该公司发生的经济业务不变,均取得增值税普通发票。

【要求】 根据给出的经济业务资料,编制相关的会计分录。

【答题】

分录号	业务摘要	会计分录
(1)		
(2)		
(3)		

实　务　十

【目的】　练习固定资产处置的核算。

【资料】　CJ 公司为增值税一般纳税人,适用税率为 13%。发生以下经济业务:

1. 出售不需用机床一台,原值 90 000 元,已提折旧 4 000 元。在出售过程中,发生拆卸劳务费 500 元,用现金支付。双方协议价款 88 000 元,款已存入银行。

2. 因暴风雨损毁一幢楼房,原值 500 000 元,已提折旧 100 000 元;用银行存款支付清理费用 18 000 元(含税,增值税税率为 9%);收到保险公司赔款 250 000 元,已存入银行。

3. 在财产清查中发现盘亏设备一台,原值 100 000 元,已提折旧 40 000 元。经批准盘亏固定资产转作营业外支出处理,并进行增值税进项税额转出。

【要求】　根据以上经济业务资料,编制相关的会计分录。

【答题】

业务号	业务摘要	会计分录
1		

续表

业务号	业务摘要	会计分录
2		
3		

实 务 十 一

【目的】 练习固定资产处置的核算。

【资料】 假设【实务十】中的 CJ 公司为增值税小规模纳税人,适用征收率为 3%。该公司发生的经济业务不变,均取得增值税普通发票。

【要求】 根据给出的经济业务资料,编制相关的会计分录。

【答题】

业务号	业务摘要	会计分录
1		

业务号	业务摘要	会计分录
2		
3		

五、综合实务题

1. SJ 企业为增值税一般纳税人,适用税率为 13%。该公司因生产需要,决定用自营方式建造一间材料仓库。相关资料如下:

(1) 4 月 5 日,购入工程用专项物资 200 000 元,增值税税额为 26 000 元。该批专项物资已验收入库,款项用银行存款付讫。

(2) 领用上述专项物资,用于建造仓库。

(3) 领用本单位生产的水泥一批用于工程建设。该批水泥成本为 20 000 元,税务部门核定的组成计税价格为 30 000 元,成本利润率为 10%。

(4) 领用本单位外购原材料一批用于工程建设。原材料实际成本为 10 000 元。

(5) 4 月至 6 月,应付工程人员工资 20 000 元,用银行存款支付其他费用 9 200 元(均取得增值税普通发票)。

(6) 6 月 30 日,该仓库达到预定可使用状态,估计可使用 20 年,估计净残值为 20 000 元,采用直线法计提折旧。

【要求】

(1) 计算该仓库的入账价值。

(2) 计算该仓库应计提的年折旧额。

(3) 编制相关的会计分录。

【答题】

该仓库的入账价值 =

该仓库应计提的年折旧额 =

业务号	业务摘要	会计分录
(1)		
(2)		
(3)		
(4)		
(5)		
(6)		

2. 假设业务 1 中的 SJ 公司为增值税小规模纳税人,适用征收率为 3%。该公司发生的经济业务不变,均取得增值税普通发票。

【要求】 根据给出的经济业务资料,编制相关的会计分录。

【答题】

该仓库的入账价值 =

该仓库应计提的年折旧额 =

业务号	业务摘要	会计分录
(1)		
(2)		
(3)		
(4)		
(5)		
(6)		

第六章

无形资产和长期待摊费用

知识梳理

本章的学习内容及重难点、关键点见表6-1。

表6-1　本章的学习内容及重难点、关键点

知识要点			重点	难点	关键点
无形资产的概念			√		
无形资产的特征			√		
无形资产的内容	专利权				
	非专有技术				
	商标权				
	著作权				
	土地使用权				
	特许权				
无形资产和长期待摊费用核算应设置的会计科目	无形资产		√		√
	累计摊销		√		√
	长期待摊费用		√	√	√
无形资产取得的核算	外购无形资产		√		√
	自行开发无形资产	研究阶段		√	
		开发阶段		√	
无形资产摊销的核算			√		
无形资产出售的核算			√	√	
无形资产出租的核算			√		
无形资产报废的核算					
长期待摊费用的概念			√		
长期待摊费用的核算			√	√	

相关法规

本章可能涉及的法律法规见表6-2。

表6-2　本章可能涉及的法律法规

法律法规名称	修订、颁布或施行时间
小企业会计准则	2013 年 1 月 1 日
小企业会计准则——会计科目、主要账务处理和财务报表	2013 年 1 月 1 日

续表

法律法规名称	修订、颁布或施行时间
企业会计准则第 6 号——无形资产	2007 年 1 月 1 日
企业会计准则第 14 号——收入	2018 年 1 月 1 日
企业会计准则第 21 号——租赁	2019 年 1 月 1 日
中华人民共和国专利法	2009 年 10 月 1 日
中华人民共和国著作权法	2010 年 4 月 1 日
中华人民共和国著作权法实施条例	2013 年 1 月 30 日
中华人民共和国商标法	2013 年 8 月 30 日
中华人民共和国土地管理法	2004 年 8 月 28 日
中华人民共和国土地管理法实施条例	2011 年 1 月 8 日
中国人民银行支付结算办法	1997 年 12 月 1 日
中华人民共和国增值税暂行条例	2017 年 11 月 19 日
中华人民共和国增值税暂行条例实施细则	2011 年 11 月 1 日
关于全面推开营业税改征增值税试点的通知	2016 年 5 月 1 日
关于调整增值税税率的通知	2018 年 5 月 1 日
关于深化增值税改革有关政策的公告	2019 年 4 月 1 日
关于深化增值税改革有关事项的公告	2019 年 4 月 1 日

关键概念

1. 无形资产

无形资产是指企业为生产产品、提供劳务、出租或经营管理而持有的,没有实物形态的可辨认非货币性资产。

2. 专利权

专利权是指国家专利主管机关依法授予发明创造专利申请人对其发明创造在法定期限内所享有的专有权利,包括发明专利权、实用新型专利权和外观设计专利权。

3. 非专利技术

非专利技术即专有技术,又称技术秘密或技术诀窍,是指先进的、未公开的、未申请专利、可以带来经济利益的技术及诀窍,主要包括先进的生产经验、技术设计资料与原配方等。

4. 商标权

商标权是指企业拥有的专门在某类指定的产品上使用特定名称、图案的权利。

5. 商誉

商誉是指企业在有形资产一定的情况下,能够获得高于正常投资报酬所形成的无形价值。

6. 著作权

著作权又称版权,是指著作权人对其著述和创作的文学、科学和艺术作品依法享有的某些特殊权利。著作权包括两个方面的权利,即精神权利(人身权利)和经济权利(财产权利)。

7. 土地使用权

土地使用权是指国家准许某一企业或单位在一定期间内对国有土地享有的开发、利用和经营的权利。

8. 特许权

特许权又称经营特许权或专营权,是指企业在某一地区经营或销售某种特定商品的权利或是一家企业授予另一家企业使用其商标、商号、技术秘密等的权利。

9. 无形资产的出售

无形资产的出售是指将无形资产的所有权让渡给他人。即在出售后,企业不再对该项无形资产拥有占用、使用、收益、处置的权利。

10. 无形资产的出租

无形资产的出租是指企业只是将无形资产的使用权让渡给其他单位或个人,企业自身仍保留对该项无形资产的所有权。

11. 无形资产的报废

无形资产的报废是指无形资产由于已被其他新技术代替或不再受法律保护等原因,预期不能为企业带来经济利益而进行的处置。

12. 长期待摊费用

长期待摊费用是指企业已经发生,应由本期和以后各期负担的分摊期限在一年以上的各项费用。

本章训练 ●

一、单项选择题

1. 企业自用的无形资产的摊销费用应记入(　　　　)科目。

    A. 销售费用　　　　　　　　　　B. 制造费用

    C. 管理费用　　　　　　　　　　D. 财务费用

2. 专利权的有效期限为(　　　　)年。

    A. 5　　　　　　　　　　　　　　B. 10

    C. 15　　　　　　　　　　　　　D. 50

3. 商标权的有效期限为(　　　　)年。

    A. 5　　　　　　　　　　　　　　B. 10

    C. 15   D. 50

4. 出租无形资产所取得的收益应记入（   ）科目。

    A. 主营业务收入   B. 其他业务收入

    C. 投资收益   D. 营业外收入

5. 无形资产出租每月应转销的成本，应记入（   ）科目。

    A. 销售费用   B. 制造费用

    C. 管理费用   D. 其他业务成本

6. 某企业以 350 万元（含税）的价格转让一项无形资产，适用的增值税税率为 6%。该无形资产原购入价 450 万元，合同规定的受益年限为 10 年，法律规定的有效使用年限为 12 年，转让时已使用 4 年。该企业在转让该无形资产时应确认的净收益为（   ）万元。

    A. 60.19   B. 50

    C. 30.19   D. 80

7. 用来反映无形资产历年提取摊销额的科目是（   ）。

    A. 累计折旧   B. 累计摊销

    C. 管理费用   D. 其他业务成本

8. 不受法律保护的无形资产是（   ）。

    A. 专利权   B. 非专利技术

    C. 商誉   D. 著作权

9. 企业进行研究与开发无形资产过程中发生的各项支出，应记入的科目是（   ）。

    A. 研发支出   B. 管理费用

    C. 无形资产   D. 销售费用

10. 某企业自行研究开发一项新产品专利技术，在研究开发过程中发生材料费 3 000 万元、职工薪酬 1 000 万元，以及其他费用 4 000 万元，总计 8 000 万元，其中，符合资本化条件的支出为 5 000 万元，期末，该专利技术已经达到预定用途。则无形资产的入账成本为（   ）万元。

    A. 5 000   B. 8 000

    C. 0   D. 4 000

二、多项选择题

1. 无形资产的特点有（   ）。

    A. 没有实物形态   B. 不可辨认

    C. 可辨认   D. 非货币性长期资产

2. 无形资产一般包括（   ）等。

    A. 专利权   B. 非专利技术

    C. 商誉   D. 著作权

3. 企业无形资产取得的途径主要有（　　　　）。

    A. 购入　　　　　　　　　　　　B. 自创

    C. 接受捐赠　　　　　　　　　　D. 投资者投入

4. 自创专利权的成本包括（　　　　）。

    A. 研发阶段的费用化支出　　　　B. 登记注册费

    C. 研发的资本化支出　　　　　　D. 聘请的律师费

5. "研发支出"科目用来核算企业进行研究与开发无形资产过程中发生的各项支出。其正确的表述是（　　　　）。

    A. 应当按照研究开发项目，分别在"费用化支出"与"资本化支出"中进行明细核算

    B. 企业自行开发无形资产发生的研发支出，不满足资本化条件的，借记"研发支出——费用化支出"科目；满足资本化条件的，借记"研发支出——资本化支出"科目

    C. 企业以其他方式取得的正在进行的研究开发项目，应按确定的金额，借记"研发支出——资本化支出"科目

    D. 期末，企业应将归集的费用化支出金额，借记"管理费用"科目，贷记"研发支出——费用化支出"科目

    E. 研究开发项目达到预定用途形成无形资产的，应按资本化支出的余额，借记"无形资产"科目，贷记"研发支出——资本化支出"科目

6. 关于无形资产会计处理，正确的表述有（　　　　）。

    A. 企业出售无形资产，应当将取得的价款与该无形资产账面价值的差额计入当期损益

    B. 无形资产预期不能为企业带来经济利益的，应当将该无形资产的账面价值计入管理费用

    C. 企业摊销无形资产，应当自无形资产可供使用时起，至不再作为无形资产确认时止

    D. 只有很可能为企业带来经济利益且其成本能够可靠计量的无形资产才能予以确认

    E. 无论使用寿命确定或不确定的无形资产，均应按期摊销

7. 为了反映和监督无形资产的取得、摊销和处置等业务，企业应设置（　　　　）等科目进行核算。

    A. 长期资产　　　　　　　　　　B. 无形资产

    C. 累计折旧　　　　　　　　　　D. 累计摊销

8. 企业的长期待摊费用包括（　　　　）。

    A. 已提足折旧的固定资产的改建支出

    B. 经营租入固定资产的改建支出

    C. 固定资产的大修理支出

    D. 融资租入固定资产价款

9. 出租无形资产,涉及的科目有(　　　　　)等。

　　A. 无形资产　　　　　　　　　B. 银行存款

　　C. 其他业务收入　　　　　　　D. 应交税费

10. 摊销长期待摊费用,涉及的借方科目有(　　　　　)等。

　　A. 长期待摊费用　　　　　　　B. 销售费用

　　C. 管理费用　　　　　　　　　D. 制造费用

三、判断题

(　　)1. 企业自创的商誉是不能作为无形资产入账的。

(　　)2. 无形资产摊销方法一般采用一次摊销法。

(　　)3. 企业购入无形资产,只能按买价作为购入无形资产的实际成本。

(　　)4. 无形资产的摊销不考虑残值。

(　　)5. 生产车间使用的专利权在按月摊销时,应借记"制造费用"科目。

(　　)6. 企业为出租无形资产所发生的相关费用,应于发生时借记"销售费用"科目。

(　　)7. 无形资产成本在取得的当月开始摊销,处置无形资产的当月不再摊销。

(　　)8. 无形资产的研发支出应全部计入该项无形资产的成本。

(　　)9. 无形资产价值的摊销直接贷记"无形资产"科目。

(　　)10. 无形资产的出售所得净收益或净损失全部作为管理费用处理。

四、单项实务题

实　务　一

【目的】　练习无形资产取得和摊销的核算。

【资料】　CN 公司为增值税一般纳税人,适用税率为 9%。2022 年 4 月 1 日用银行存款 3 000 000 元(含税,增值税税率为 6%)购入某公司为期 5 年的商标特许使用权。假设该公司采用直线法进行无形资产摊销。

【要求】

1. 编制该公司 2022 年 4 月 1 日的会计分录。

2. 编制该公司 2022 年 4 月末应计提的摊销额及其会计分录。

【答题】

业务号	业务摘要	会计分录
1		
2		

4 月末应计提的无形资产摊销额 =

实　务　二

【目的】　练习无形资产取得和摊销的核算。

【资料】　假设实务一中的 CN 公司为增值税小规模纳税人,适用征收率为 3%。该公司发生的经济业务不变,均取得增值税普通发票。

【要求】

1. 编制该公司 2022 年 4 月 1 日的会计分录。

2. 编制该公司 2022 年 4 月末的摊销额及其会计分录。

【答题】

业务号	业务摘要	会计分录
1		
2		

4 月末应计提的无形资产摊销额 =

实　务　三

【目的】　练习无形资产购入和出售的核算。

【资料】　CN 公司为增值税一般纳税人,销售无形资产适用税率为 6%。该公司发生如下经济业务:

1. 2020 年 7 月 1 日,用银行存款 200 000 元(含税,取得增值税专用发票)购入一项外观设计专利。该项无形资产法律规定的使用年限为 10 年。

2. 2022 年 7 月 1 日,将此项无形资产进行出售,取得收入 50 000 元(含税)已存入银行。

【要求】

1. 编制 2020 年 7 月 1 日购买无形资产时的会计分录。

2. 编制每月摊销的会计分录。

3. 编制 2022 年 7 月 1 日出售该项无形资产的会计分录。

【答题】

业务号	业务摘要	会计分录
1		
2		
3		

实　务　四

【目的】　练习无形资产购入和出售的核算。

【资料】　假设【实务三】中的 CN 公司为增值税小规模纳税人,适用征收率为3%。该公司发生的经济业务不变,均取得增值税普通发票。

【要求】

1. 编制 2020 年 7 月 1 日购买无形资产时的会计分录。

2. 编制每月摊销的会计分录。

3. 编制 2022 年 7 月 1 日出售该项无形资产的会计分录。

【答题】

业务号	业务摘要	会计分录
1		
2		
3		

实　务　五

【目的】　练习无形资产出租的核算。

【资料】　CN 公司为增值税一般纳税人。该公司将一项无形资产出租给某单位使用。当月取得租金收入 30 000 元(含税)已存入银行,增值税税率为 6%,当期该项无形资产摊销额为 6 000 元。

【要求】 根据以上经济业务资料,编制相关的会计分录。

【答题】

分录号	业务摘要	会计分录
(1)		
(2)		

实 务 六

【目的】 练习无形资产出租的核算。

【资料】 假设【实务五】中的 CN 公司为增值税小规模纳税人,适用征收率为 3%。该公司发生的经济业务不变,均取得增值税普通发票。

【要求】 根据给出的经济业务资料,编制相关的会计分录。

【答题】

分录号	业务摘要	会计分录
(1)		
(2)		

实 务 七

【目的】 练习自行研发无形资产的核算。

【资料】 CN 公司正在研究和开发一项新工艺技术,2021 年 1—9 月发生的各项研究、调查、试验等费用 100 万元;2021 年 10—12 月发生材料人工等各项支出 60 万元;在 2021 年 9 月末,已经证实该项新工艺技术开发成功,并满足无形资产确认标准。2022 年 1—6 月又发生材料费用、直接参与开发人员的工资费用、场地设备租赁费等支出 240 万元。2022 年 6 月末该项新工艺技术完成,达到了预定可使用状态。

【要求】 根据以上经济业务资料,编制相关的会计分录。

【答题】

分录号	业务摘要	会计分录
(1)		
(2)		
(3)		
(4)		
(5)		

实 务 八

【目的】 练习长期待摊费用的核算。

【资料】 HP公司为增值税一般纳税人。2022年4月1日,该公司对办公楼进行整体翻新,发生下列支出:领用生产用材料100 000元;向某装修公司支付翻新费用150 000元(含税,增值税税率为9%)。2022年7月30日,该办公楼翻新工程完工,达到预定可使用状态并交付使用,翻新费用计划按5年进行摊销。

【要求】 根据以上经济业务资料,编制相关的会计分录。

【答题】

分录号	业务摘要	会计分录
(1)		

续表

分录号	业务摘要	会计分录
(2)		
(3)		
(4)		

五、综合实务题

1. LY 公司为增值税一般纳税人。该公司购买了某项商标权,用银行存款支付款项 240 000 元(含税,取得增值税专用发票),按规定摊销期限为 10 年。使用 3 年后,该公司将其商标权的使用权转让给 LD 公司。转让合同约定:LD 公司每月初向 LY 公司交纳 3 000 元(含税)的使用费,使用期为 5 年。转让时,LY 公司用银行存款支付律师、公证等费用 1 000 元。销售无形资产增值税税率为 6%。

【要求】 根据以上经济业务资料,编制相关的会计分录。

【答题】

分录号	业务摘要	会计分录
(1)	购入商标权	
(2)	支付转让商标使用权费用	
(3)	收取商标权使用费	
(4)	摊销商标权成本	

2. 假设业务 1 中的 LY 公司为小规模纳税人,适用征收率为 3%。该公司发生的经济业务不变,均取得增值税普通发票。

【要求】 根据给出的经济业务资料,编制相关的会计分录。

【答题】

分录号	业务摘要	会计分录
(1)	购入商标权	
(2)	支付转让商标使用权费用	
(3)	收取商标权使用费	
(4)	摊销商标权成本	

第七章

负债

知识梳理

本章的学习内容及重难点、关键点见表 7-1。

表 7-1 本章的学习内容及重难点、关键点

知识要点			重点	难点	关键点
负债的概念			√		
负债的确认条件					
负债的组成内容			√		
负债核算应设置的会计科目	应付账款		√		√
	应付票据		√	√	√
	预收账款		√		√
	应付职工薪酬		√	√	√
	应交税费		√	√	√
	其他应付款		√		√
	短期借款		√		√
	长期借款		√	√	√
应付账款业务的核算流程			√	√	√
应付账款的核算	应付账款的发生		√		
	应付账款的偿还		√	√	
	应付账款的转销		√		
应付票据的概念			√		
应付票据业务的核算流程			√	√	√
应付票据的核算	商业汇票的签付		√		
	商业汇票的到期转销		√	√	
预收账款的概念			√		
预收账款业务的核算流程			√	√	√
预收账款的核算			√		
应付职工薪酬的内容	职工薪酬的概念		√		
	短期薪酬	职工工资			
		奖金、津贴和补贴			
		职工福利费			
		社会保险费			
		住房公积金			

续表

知识要点			重点	难点	关键点
应付职工薪酬的内容	短期薪酬	工会经费			
		职工教育经费			
		短期带薪缺勤			
		短期利润分享计划			
		非货币性福利			
		其他短期薪酬			
	离职后福利				
	辞退福利				
	其他长期职工福利				
应付职工薪酬业务的核算流程			√	√	√
工资结算的核算	工资结算凭证	考勤记录	√		
		工时记录	√		
		产量记录	√		
		销售记录	√		
		工资单	√		
		工资汇总表	√		
	工资的计算	计时工资	√		√
		计件工资	√	√	
		工龄工资	√		
		岗位工资	√		
		绩效工资	√		
		加班加点工资	√		
		病事假工资	√	√	
		奖金、津贴和补贴	√		
		社会保险费	√	√	√
		住房公积金	√	√	√
		个人所得税	√	√	√
		应付工资	√		
		代扣代缴款项	√		
		实发工资	√		
	职工工资的发放		√	√	√
工资分配的核算	职工工资的分配		√	√	√
	单位缴存的社会保险费和住房公积金的分配		√	√	√
	工资附加费		√	√	√

续表

知识要点			重点	难点	关键点
非货币性职工薪酬的核算			√	√	
应交税费的概念			√		
应交增值税	增值税纳税义务人和纳税范围				
	增值税税率和征收率				√
	当期应纳增值税税额的计算	一般纳税人		√	
		小规模纳税人			
	应交增值税的核算	一般纳税人	√	√	
		小规模纳税人	√		
应交消费税	消费税的概念		√		
	消费税的纳税人及其税目、税率				√
	消费税的计算	从价定率			
		从量定额			
	应交消费税的核算	销售应税消费品	√		
		自产自用消费品	√		
		委托加工应税消费品	√	√	
其他应交税费	其他应交税费的概述	资源税			
		城镇土地使用税			
		土地增值税			
		房产税			
		车船税			
		印花税			
		城市维护建设税	√		
		教育费附加	√		
	其他应交税费的核算	应交城市维护建设税	√		
		应交教育费附加	√		
其他应付款	其他应付款的概念		√		
	其他应付款的核算		√		
短期借款	短期借款的概念		√		
	短期借款的种类				
	短期借款业务的核算流程		√	√	√
	短期借款的核算	短期借款的取得	√		
		短期借款的利息费用	√		
		短期借款的归还	√		

续表

知识要点			重点	难点	关键点
长期借款	长期借款的概念		√		
	长期借款业务的核算流程		√	√	√
	长期借款的核算	长期借款的取得	√		
		长期借款利息的支付	√	√	
		长期借款本金和利息的归还	√	√	

相关法规  •

本章可能涉及的法律法规见表 7-2。

表 7-2 本章可能涉及的法律法规

法律法规名称	修订、颁布或施行时间
小企业会计准则	2013 年 1 月 1 日
小企业会计准则——会计科目、主要账务处理和财务报表	2013 年 1 月 1 日
企业会计准则第 1 号——存货	2007 年 1 月 1 日
企业会计准则第 9 号——职工薪酬	2014 年 7 月 23 日
企业会计准则第 14 号——收入	2018 年 1 月 1 日
企业会计准则第 17 号——借款费用	2007 年 1 月 1 日
企业会计准则第 21 号——租赁	2019 年 1 月 1 日
中国人民银行支付结算办法	1997 年 12 月 1 日
中华人民共和国票据法	2004 年 8 月 28 日
票据管理实施办法	2011 年 1 月 8 日
中华人民共和国增值税暂行条例	2017 年 11 月 19 日
中华人民共和国增值税暂行条例实施细则	2011 年 11 月 1 日
关于全面推开营业税改征增值税试点的通知	2016 年 5 月 1 日
关于调整增值税税率的通知	2018 年 5 月 1 日
关于深化增值税改革有关政策的公告	2019 年 4 月 1 日
关于深化增值税改革有关事项的公告	2019 年 4 月 1 日
关于修改《中华人民共和国个人所得税法》的决定	2011 年 9 月 1 日
中华人民共和国个人所得税法修正案	2019 年 1 月 1 日
中华人民共和国消费税暂行条例	2009 年 1 月 1 日
关于企业职工教育经费提取与使用管理的意见	2006 年 6 月 19 日
关于工资总额组成的规定	1990 年 1 月 1 日

续表

法律法规名称	修订、颁布或施行时间
社会保险费征缴暂行条例	2019 年 3 月 24 日
住房公积金管理条例	2019 年 3 月 24 日
职工带薪年休假条例	2008 年 1 月 1 日
中华人民共和国劳动法	2018 年 12 月 29 日
中华人民共和国资源税法	2020 年 9 月 1 日
中华人民共和国城镇土地使用税暂行条例	2013 年 12 月 7 日
中华人民共和国土地增值税暂行条例	1994 年 1 月 1 日
中华人民共和国房产税暂行条例	2011 年 1 月 8 日
中华人民共和国车船税法	2012 年 1 月 1 日
中华人民共和国印花税法	2022 年 7 月 1 日
中华人民共和国城市维护建设税法	2021 年 9 月 1 日
征收教育费附加的暂行规定	2011 年 1 月 8 日

关键概念

1. 负债

负债是指企业过去的交易或者事项形成的、预期会导致经济利益流出企业的现时义务。负债按其流动性分为流动负债和非流动负债。

2. 流动负债

流动负债是指预计在 1 年或者超过 1 年的一个正常营业周期内清偿的债务,包括短期借款、应付及预收款项、应付职工薪酬、应交税费、应付利息、其他应付款等。

3. 非流动负债

非流动负债是指流动负债以外的负债,包括长期借款、长期应付款等。

4. 应付账款

应付账款是指企业因购买材料、商品及接受劳务等日常生产经营活动而应支付的款项。

5. 应付票据

应付票据是指企业购买材料、商品及接受劳务等日常生产经营活动而开出、承兑的商业汇票。

6. 预收账款

预收账款是企业按照合同规定向购买方预收的款项,包括预收的购货款、工程款等。

7. 职工薪酬

职工薪酬是指企业为获得职工提供的服务而给予的各种形式的报酬及其相关支出,包括提供给职工在职期间或离职后的全部货币性薪酬和非货币性福利。

8. 短期薪酬

短期薪酬是指企业在职工提供相关服务的年度报告期间结束后 12 个月内需要全部予以支付的职工薪酬（与某职工解除劳动关系后给予的补偿除外）。

9. 离职后福利

离职后福利是指企业为获得职工提供的服务而在其退休或与企业解除劳动关系后，提供的各种形式的报酬和福利。

10. 辞退福利

辞退福利是指企业在职工劳动合同到期前解除与其的劳动关系，或者为鼓励职工自愿接受裁减而给予的补偿。

11. 工资总额

工资总额是指企业在一定时期内实际支付给职工的劳动报酬总数，一般由计时工资、计件工资、奖金、津贴和补贴、加班加点工资、特殊情况下支付的工资组成。

12. 计时工资

计时工资是指依据计时工资标准和工作时间计算应支付给职工的劳动报酬。

13. 计件工资

计件工资是指对职工已做工作按计价单价计算应支付的劳动报酬。

14. 岗位工资

岗位工资是按照职工在企业生产经营活动中的不同岗位确定工资，并根据职工完成规定的岗位职责情况支付劳动报酬的一种工资制度。

15. 绩效工资

绩效工资是以对职工绩效的有效考核为基础，实现将工资与考核结果相挂钩的一种工资制度。它的理论基础是"以绩取酬"。

16. 加班加点工资

加班是指休息日和法定节假日的上班时间；加点是指每天超过 8 小时以上的上班时间。加班加点工资是指按国家规定支付的加班工资或加点工资。

17. 奖金

奖金是指支付给职工的超额劳动报酬和增收节支的劳动报酬，如生产奖、节约奖、劳动竞赛奖、奖励工资、其他奖金等。

18. 津贴

津贴是指为了补偿职工特殊或额外的劳动消耗和因其他特殊原因支付给职工的津贴，如补偿职工特殊或额外劳动消耗的津贴，保健性津贴，技术性津贴，年功性津贴及其他津贴等。

19. 补贴

补贴是为了保证职工工资水平不受政策性变动影响而支付给职工的各种补贴。如为保证职工工资水平不受物价上涨影响而支付的物价补贴。

20. 社会保险费

社会保险费是指由用人单位及其职工以职工个人身份参加社会保险并缴纳的社会保险费,包括基本养老保险费、基本医疗保险费、工伤保险费、失业保险费和生育保险费。

21. 基本养老保险

基本养老保险是由国家通过立法强制实行,保证劳动者在年老丧失劳动能力时,给予基本生活保障的制度。它由基础养老金和个人账户养老金两部分组成。

22. 企业年金

企业年金又称企业补充养老保险,即由企业退休金计划提供的养老金,是指企业及其职工在依法参加基本养老保险的基础上,依据国家政策和本企业经济状况建立的、旨在提高职工退休后生活水平、对国家基本养老保险进行重要补充的一种养老保险形式。

23. 基本医疗保险

基本医疗保险是为补偿劳动者因疾病风险造成的经济损失而建立的一项社会保险制度。基本医疗保险由社会统筹使用的统筹基金和个人专项使用的个人账户基金组成。

24. 失业保险

失业保险是指国家通过立法强制实行的,由社会集中建立基金,对因失业而暂时中断生活来源的劳动者提供物质帮助进而保障失业人员失业期间的基本生活,促进其再就业的制度。

25. 工伤保险

工伤保险又称职业伤害保险,是指劳动者在工作中或在规定的特殊情况下,遭受意外伤害或患职业病导致暂时或永久丧失劳动能力以及死亡时,劳动者或其遗属从国家和社会获得物质帮助的一种社会保险制度。

26. 生育保险

生育保险是通过国家立法,在职业妇女因生育子女而暂时中断劳动时由国家和社会及时给予生活保障和物质帮助的一项社会保险制度。

27. 住房公积金

住房公积金是按规定存储起来的专门用于职工个人住房消费支出的住房储金,由职工所在单位缴存和职工个人缴存两部分组成。

28. 个人所得税

个人所得税是以个人(自然人)取得的各项应税所得为征税对象所征收的一种税。

29. 工资、薪金所得

工资、薪金所得是指个人因任职或受雇而取得的工资、薪金、奖金、年终加薪、劳动分红、津贴、补贴,以及与任职或受雇有关的其他所得。

30. 工资附加费

工资附加费是按照工资的一定比例,随同工资从成本、费用中提取的各种基金或者经费,一般包括职工福利费、工会经费和职工教育经费三项,它们分别按当月工资总额的 14%、2%、1.5% 计提,分别用于职工福利、工会活动、职工教育培训的支出。

31. 应交税费

应交税费是指企业根据在一定时期内取得的营业收入、实现的利润等,按照现行税法规定,采用一定的计税方法计提的应交纳的各种税费,包括应交的增值税、消费税、资源税、企业所得税、个人所得税、土地增值税、城市维护建设税、房产税、土地使用税、车船税、印花税、教育费附加、环境保护税等。

32. 增值税

增值税是对商品生产和流通的各环节,以及服务环节的新增价值征收的一种流转税。

33. 增值税销项税额

增值税销项税额是指增值税一般纳税人发生应税行为按照销售额和增值税税率计算并收取的增值税税额。

34. 增值税进项税额

增值税进项税额是指增值税一般纳税人当期购进货物、接受应税劳务和应税服务支付或负担的增值税税额。

35. 消费税

消费税是指对在我国境内从事生产、委托加工及进口应税消费品的单位和个人,就其应税消费品的销售额或销售数量征收的一种流转税。

36. 资源税

资源税是指以部分自然资源为征税对象,对在我国境内开采应税矿产品及生产盐的单位和个人,以其应税产品销售额或销售数量为计税依据而征收的一种税。

37. 城镇土地使用税

城镇土地使用税是以国有土地或集体土地为征税对象,对拥有土地使用权的单位和个人,以其实际占用的土地面积为计税依据,按规定的税额计算征收的一种税。

38. 土地增值税

土地增值税是对有偿转让国有土地使用权及地上建筑物和其他附着物产权,取得增值收入的单位和个人征收的一种税。

39. 房产税

房产税是以城市、县城、建制镇和工矿区的房屋为征税对象,以其计税余值或租金收入为依据,向产权所有人征收的一种财产税。

40. 车船税

车船税是以车船为征税对象,向拥有车船的单位和个人征收的一种税。

41. 印花税

印花税是对经济活动和经济交往中,单位和个人书立、领受应税凭证的行为为征税对象征收的一种税。

42. 城市维护建设税

城市维护建设税是对从事工商经营,缴纳增值税和消费税(简称二税)的单位和个人,就其实际缴纳的增值税和消费税之和为计税依据征收的一种税。

43. 教育费附加

教育费附加是对从事工商经营,缴纳增值税和消费税(简称二税)的单位和个人,就其实际缴纳的增值税和消费税之和为计税依据征收的一种附加费。

44. 其他应付款

其他应付款是指企业除了应付票据、应付账款、预收账款、应付职工薪酬、应交税费等流动负债以外的其他各项应付、暂收的款项,包括应付经营租入固定资产和包装物的租金;存入保证金(如收取包装物押金);应付、暂收所属单位、个人的款项等。

45. 短期借款

短期借款是指企业向银行或其他金融机构等借入的期限在 1 年以下(含 1 年)的各种借款。

46. 长期借款

长期借款是指企业向银行或其他金融机构借入的期限在 1 年以上(不含 1 年)的各项借款。

本章训练

一、单项选择题

1. 在会计实务中,应付账款的入账价值为(　　)。

　　A. 估计金额　　　　　　　　　　B. 估计金额的现值

　　C. 未来偿还额　　　　　　　　　D. 未来偿还额的现值

2. 在物资和发票账单同时到达的情况下,应付账款的入账时间为(　　)。

　　A. 物资到达时　　　　　　　　　B. 发票账单到达时

　　C. 物资验收入库前　　　　　　　D. 物资验收入库后

3. 预收账款不多的企业,可将预收账款并入(　　)核算。

　　A. "预付账款"科目的贷方　　　　B. "应付账款"科目的贷方

　　C. "应收账款"科目的贷方　　　　D. "应收账款"科目的借方

4. 某企业为增值税一般纳税人,2022 年应交各种税金为:增值税 350 万元,消费税 150 万元,城市维护建设税 35 万元,房产税 10 万元,车船税 5 万元,所得税 250 万元。上述各项税金应计入税金及附加的金额为(　　　)万元。

A. 800　　　　　　　　　　　　B. 200

C. 450　　　　　　　　　　　　D. 50

5. 应付商业承兑汇票到期,如企业无力支付票款,按应付票据的账面余额借记"应付票据"科目,贷记(　　　)科目。

A. 应付账款　　　　　　　　　　B. 短期借款

C. 其他应付款　　　　　　　　　D. 营业外收入

6. 如果企业开出的银行承兑汇票不能如期支付,应在票据到期并未签发新的票据时,将应付票据账面价值转入(　　　)科目。

A. 短期借款　　　　　　　　　　B. 应收账款

C. 营业外收入　　　　　　　　　D. 应付账款

7. 在我国,职工薪酬不包括的内容是(　　　)。

A. 基本养老保险等社会保险费　　B. 住房公积金

C. 职工教育经费和工会经费　　　D. 以股权为基础的薪酬

8. 非货币性薪酬主要为非货币性福利,通常不包括的是(　　　)。

A. 企业将自产产品发放给职工

B. 向职工无偿提供住房

C. 为职工无偿提供医疗保健等服务

D. 为职工缴纳的商业保险

9. 企业从应付职工薪酬中代扣代缴的个人所得税,应贷记(　　　)科目。

A. 其他应收款　　　　　　　　　B. 应交税费——应交个人所得税

C. 银行存款　　　　　　　　　　D. 其他应付款

10. 企业从应付职工工资中代扣的职工房租,应借记(　　　)科目。

A. 应付职工薪酬　　　　　　　　B. 银行存款

C. 其他应收款　　　　　　　　　D. 其他应付款

11. 增值税一般纳税人在月度终了,对本月发生尚未抵扣的增值税进项税额的会计处理方法是(　　　)。

A. 保留在"应交增值税"明细科目的借方

B. 保留在"应交增值税"明细科目的贷方

C. 将其转入"未交增值税"明细科目的贷方

D. 将其转入"未交增值税"明细科目的借方

12. 增值税一般纳税人将外购的原材料用于办公大楼建造,则其增值税应(   )。

    A. 作为销项税额处理   B. 作为进项税额转出处理

    C. 将进项税额计入存货成本   D. 不进行处理

13. 企业将生产的应税消费品直接对外销售所交纳的消费税,应通过(   )科目核算。

    A. 主营业务成本   B. 税金及附加

    C. 销售费用   D. 管理费用

14. 不记入"税金及附加"科目的税费是(   )。

    A. 消费税   B. 增值税

    C. 资源税   D. 城市维护建设税

15. 企业按规定计算应交的教育费附加,借记"税金及附加"科目,贷记(   )科目。

    A. 其他应交款   B. 其他应付款

    C. 应交税费   D. 其他应收款

16. 增值税小规模纳税人基本征收率为(   )。

    A. 13%   B. 9%

    C. 6%   D. 3%

17. 从当月应付工资中代扣职工个人应负担的社会保险费应贷记(   )科目。

    A. 其他应付款   B. 应付职工薪酬——社会保险费

    C. 其他应收款   D. 应付职工薪酬——职工工资

18. 城市维护建设税的计税依据是(   )。

    A. 实际交纳的增值税税额   B. 实际交纳的消费税税额

    C. 实际交纳的企业所得税税额   D. 实际交纳的增值税和消费税税额之和

19. 短期借款核算时不会涉及的科目是(   )。

    A. 管理费用   B. 应付利息

    C. 财务费用   D. 银行存款

20. 不属于其他应付款的核算内容的项目是(   )。

    A. 存入保证金   B. 应补付的货款

    C. 应付赔偿金   D. 应付租金

21. 属于短期借款的是(   )。

    A. 固定资产投资借款   B. 更新改造借款

    C. 科研开发借款   D. 生产经营周转借款

22. 属于生产经营期间发生的长期借款利息费用,应记入(   )科目。

    A. 长期待摊费用   B. 在建工程

    C. 财务费用   D. 销售费用

23. 企业在计提应缴纳的消费税时,借记(　　　)科目。

    A. 销售费用   B. 在建工程

    C. 其他业务成本   D. 税金及附加

24. 资产负债表日,按计算确定的短期借款利息费用,贷记(　　　)科目。

    A. 短期借款   B. 应付利息

    C. 管理费用   D. 财务费用

25. 应由单位缴存的住房公积金应贷记(　　　)科目。

    A. 其他应付款   B. 应付职工薪酬——住房公积金

    C. 其他应收款   D. 应付职工薪酬——职工工资

二、多项选择题

1. 属于流动负债的有(　　　　　)。

    A. 应付账款   B. 预付账款

    C. 预收账款   D. 应付票据

2. 应付票据是指企业购买材料、商品和接受劳务等而开出、承兑的商业汇票,包括(　　　　　)。

    A. 银行本票   B. 银行汇票

    C. 商业承兑汇票   D. 银行承兑汇票

3. 应通过"应付职工薪酬"科目核算的内容包括(　　　　　)。

    A. 职工福利费   B. 社会保险费

    C. 住房公积金   D. 因解除与职工的劳动关系给予的补偿

4. 应记入"税金及附加"科目的税费有(　　　　　)。

    A. 车船税   B. 土地使用税

    C. 印花税   D. 教育费附加

5. 出口退税是指对出口产品退还其在国内生产和流通环节实际交纳的(　　　　　)。

    A. 企业所得税   B. 消费税

    C. 增值税   D. 教育费附加

6. 在工资结算中,由企业和个人共同缴存的项目有(　　　　　)。

    A. 基本养老保险金   B. 住房公积金

    C. 基本医疗保险金   D. 个人所得税

7. "应交税费"科目用于核算企业按照税法规定计算应交纳的各种税费,包括(　　　　　)。

    A. 教育费附加   B. 增值税

    C. 个人所得税   D. 资源税

8. 企业应通过"税金及附加"科目核算的有（　　　　）。

　　A. 教育费附加　　　　　　　　　B. 消费税

　　C. 增值税　　　　　　　　　　　D. 城市维护建设税

9. 通过"其他应付款"科目核算的业务包括（　　　　）。

　　A. 应付投资者股息　　　　　　　B. 存入保证金

　　C. 应付租入包装物租金　　　　　D. 应付经营性租入固定资产的租金

10. 各类企业应交的增值税可以记入的科目有（　　　　）。

　　A. 销售费用　　　　　　　　　　B. 管理费用

　　C. 固定资产清理　　　　　　　　D. 税金及附加

11. 不属于工资结算原始凭证的有（　　　　）。

　　A. 销售记录　　　　　　　　　　B. 现金支出单

　　C. 入库单　　　　　　　　　　　D. 考勤记录

12. 对长期借款利息费用的会计处理,正确的表述有（　　　　）。

　　A. 筹建期间的借款利息计入管理费用

　　B. 筹建期间的借款利息计入长期待摊费用

　　C. 日常生产经营活动的借款利息计入财务费用

　　D. 符合资本化条件的借款利息计入相关资产成本

13. 长期借款所发生的利息支出,可能借记的科目有（　　　　）。

　　A. 销售费用　　　　　　　　　　B. 财务费用

　　C. 在建工程　　　　　　　　　　D. 管理费用

14. 增值税的纳税人通常区分为（　　　　）。

　　A. 大中型企业纳税人　　　　　　B. 小企业纳税人

　　C. 一般纳税人　　　　　　　　　D. 小规模纳税人

15. 增值税的应税销售额是指纳税人销售货物或提供劳务从购买方收取的（　　　　）。

　　A. 全部价款　　　　　　　　　　B. 部分价款

　　C. 价外费用　　　　　　　　　　D. 价内费用

16. 消费税的税率有（　　　　）。

　　A. 从量定率　　　　　　　　　　B. 从价定率

　　C. 从价定量　　　　　　　　　　D. 从量定额

17. 城市建设维护税的计税依据是从事生产经营活动的单位和个人实际缴纳的（　　　　）。

　　A. 增值税　　　　　　　　　　　B. 消费税

　　C. 城镇土地使用税　　　　　　　D. 所得税

18. 应计入企业固定资产价值的税费有（　　　　　）。

A. 房产税　　　　　　　　　　B. 车船税

C. 车辆购置税　　　　　　　　D. 购入固定资产交纳的契税

19. 可能计入财务费用的利息支出有（　　　　　）。

A. 应付债券的利息　　　　　　B. 短期借款的利息

C. 带息应付票据的利息　　　　D. 筹建期间的长期借款利息

20. 为了详细反映企业与职工的各种形式的报酬或补偿的计提、结算、使用情况，应在"应付职工薪酬"科目下设置（　　　　　）等明细科目进行明细核算。

A. 职工工资　　　　　　　　　B. 职工福利费

C. 社会保险费　　　　　　　　D. 住房公积金

三、判断题

（　　）1. 负债是指过去的交易或者事项形成的现时义务，履行该义务预期会导致经济利益流出企业。

（　　）2. 企业的负债按其变现能力分为流动负债和长期负债。

（　　）3. 应付账款的入账价值应按到期应付金额的现值入账。

（　　）4. 企业发生的短期借款利息应当计入当期财务费用。

（　　）5. 企业应将无法支付的应付账款转作营业外收入处理。

（　　）6. 如果企业预收款项不多，也可以将预收的款项直接记入"应收账款"科目的借方。

（　　）7. 企业在采购材料物资时，对于先收到材料物资而月末尚未收到发票账单的情况，应在月度终了将所购物资的应付债务估价记入"应付账款"科目，下月初红字冲回。

（　　）8. 企业将自产产品发放给职工，应视同改变用途处理。

（　　）9. 企业自产产品发生非正常损失，视同销售处理。

（　　）10. 企业将本月应交的增值税在本月上交时，应借记"应交税费——未交增值税"科目。

（　　）11. 职工薪酬是指企业提供给职工在职期间或离职后的全部货币性薪酬和非货币性福利，既包括提供给职工本人的薪酬，也包括提供给职工配偶、子女或其他被赡养人的福利等。

（　　）12. 在核算非货币性福利时，应通过"应付职工薪酬"科目核算。

（　　）13. 企业暂收所属单位的款项，属于"其他应收款"科目的核算内容。

（　　）14. 企业计提的短期借款利息，通过"应付利息"科目核算。

（　　）15. 在固定资产尚未达到预定可使用状态前所发生的长期借款利息应当资本化，记入"在建工程"科目。

（　　）16. 企业长期借款所发生的利息支出,应在实际支付时计入在建工程成本或当期损益。

（　　）17. 企业在购买货物或接受劳务及服务时,如果合同中约定了商业折扣,则应按照扣除商业折扣前的应付账款总额入账。

（　　）18. 采用银行承兑汇票进行结算时,如果付款人无力支付票款,承兑银行将代为支付,同时将其转为对付款人的逾期贷款。

（　　）19. 预收账款与应付账款同为企业短期债务。

（　　）20. "五险一金"与个人所得税一样,扣缴义务人都是职工个人。

四、单项实务题

实　务　一

【目的】　练习应付账款的核算。

【资料】　CB 公司为增值税一般纳税人,适用税率为 13%。4 月 4 日,该公司从 ZH 公司购入 5A 材料一批,增值税专用发票上注明价款为 60 000 元,增值税税额为 7 800 元,共计 67 800 元。5A 材料已验收入库,按实际成本核算。合同规定该批材料的付款条件为"2/10,1/20,n/30"。

【要求】　根据以上经济业务资料,编制 4 月 4 日购入材料;4 月 4—13 日、4 月 14—23 日、4 月 24 日以后三段不同时期支付货款的会计分录。

【答题】

分录号	业务摘要	会计分录
（1）		
（2）		
（3）		
（4）		

实　务　二

【目的】　练习应付账款的核算。

【资料】　假设【实务一】中的CB公司为增值税小规模纳税人,适用征收率为3%。该公司发生的经济业务不变,均取得增值税普通发票。

【要求】　根据给出的经济业务资料,编制4月4日购入材料;4月4—13日、4月14—23日、4月24日以后三段不同时期支付货款的会计分录。

【答题】

分录号	业务摘要	会计分录
(1)		
(2)		
(3)		
(4)		

实　务　三

【目的】　练习应付票据的核算。

【资料】　CB公司为增值税一般纳税人,适用税率为13%。9月1日,该公司采用银行承兑汇票方式购入4C材料一批,价款150 000元,增值税税额19 500元。4C材料已验收入库,按实际成本核算。该银行承兑汇票的期限为5个月。暂不考虑银行手续费问题。

【要求】　根据以上经济业务资料编制采购材料、票据到期支付票据款、票据到期无力支付票据款的会计分录。

【答题】

分录号	业务摘要	会计分录
(1)		
(2)		
(3)		

实 务 四

【目的】 练习应付票据的核算。

【资料】 假设【实务三】中的 CB 公司为增值税小规模纳税人,适用征收率为 3%。该公司发生的经济业务不变,均取得增值税普通发票。

【要求】 根据给出的经济业务资料,编制采购材料、票据到期支付票据款、票据到期无力支付票据款的会计分录。

【答题】

分录号	业务摘要	会计分录
(1)		
(2)		
(3)		

实 务 五

【目的】 练习应付及预收款项的核算。

【资料】 CB 公司为增值税一般纳税人,适用税率为 13%。该公司发生以下经济业务:

1. 购入 5A 材料一批,买价 10 000 元,增值税税额 1 300 元,合计 11 300 元。5A 材料验收入库,开出银行承兑汇票一张,面额为 11 300 元,付款期限为两个月。两个月后通过银行付清银行承兑汇票款。暂不考虑银行手续费问题。

2. 按合同规定,该公司将向 WX 公司发出 3Q 产品一批,价款额为 40 000 元,增值税税为 5 200 元。同时,向 WX 公司预收部分货款 20 000 元,其余款项交货后付清。

3. 购入 2B 材料一批,增值税专用发票上载明:价款 30 000 元,增值税税额 3 900 元。付款条件为"2/10,n/30"。2B 材料已验收入库。

【要求】

1. 根据业务 1,编制开出票据及付款的会计分录。

2. 根据业务 2,编制预收部分货款、发货、对方企业补付货款时的会计分录。

3. 根据业务 3,按总价法编制购买材料;10 日内付款;30 日内付款的会计分录。

【答题】

业务号	业务摘要	会计分录
1		
2		
3		

实 务 六

【目的】 练习应付及预收款项的核算。

【资料】 假设【实务五】中的 CB 公司为增值税小规模纳税人,适用征收率为3%。该公司发生的经济业务不变,均取得增值税普通发票。

【要求】

1. 根据业务 1,编制开出票据及付款的会计分录。

2. 根据业务 2,编制预收部分货款、发货、对方企业补付货款时的会计分录。

3. 根据业务 3,按总价法分别编制购买材料;10 日内付款;30 日内付款的会计分录。

【答题】

业务号	业务摘要	会计分录
1		
2		
3		

实 务 七

【目的】 练习应付职工薪酬的核算。

【资料】 CB公司为增值税一般纳税人,适用税率为13%。2022年8月有关职工薪酬业务如下:

1. 由银行代发8月职工工资。其中,应付工资为66万元;代扣个人所得税为0.79万元;代缴职工个人负担的社会保险费2万元、住房公积金5.94万元。

2. 分配8月工资费用。其中,行政管理人员负担12万元,产品生产人员负担47万元,车间管理人员负担2万元,销售人员负担5万元。

3. 分配8月企业应负担的社会保险费。其中,行政管理人员负担2万元,产品生产人员负担6万元,车间管理人员负担0.12万元,销售人员负担0.88万元。

4. 分配8月企业应负担的住房公积金。其中,行政管理人员负担0.97万元,产品生产人员负担4.21万元,车间管理人员负担0.14万元,销售人员负担0.62万元。

5. 向税务部门缴纳个人所得税和社会保险费。

6. 向住房公积金管理中心缴存住房公积金。

7. 按照工资总额的2%计提应向工会部门缴纳的工会经费。

8. 将本公司自产产品发放给职员,作为节日福利。假设该公司自产产品的生产成本为6万元,其中行政管理人员负担1万元,产品生产人员负担3.8万元,车间管理人员负担0.7万元,销售人员负担0.5万元;同类产品市场销售收入为9万元。

【要求】 根据以上经济业务资料,编制相关的会计分录。

【答题】

业务号	业务摘要	会计分录
1		
2		

续表

业务号	业务摘要	会计分录
3		
4		
5		
6		
7		

续表

续表

业务号	业务摘要	会计分录
8		

实　务　八

【目的】　练习非货币性福利的核算。

【资料】　假设【实务七】中的 CB 公司为增值税小规模纳税人,适用征收率为 3%。该公司发生的经济业务不变。

【要求】　根据【实务七】中业务 8 给出的经济业务资料,编制相关的会计分录。

【答题】

分录号	业务摘要	会计分录
(1)	发放自产产品	
(2)	结转产品销售成本	
(3)	分配非货币性福利费用	

实　务　九

【目的】　练习应交增值税的核算。

【资料】　MC 公司为增值税一般纳税人,适用税率为 13%。该公司本期购入材料 167 000 元,增值税税额 21 710 元。同期累计销售产品收入 200 000 元。本期购入材料中有 8 000 元为在建工程领用。

该公司发生如下经济业务:

1. 从 HG 公司购入 3W 材料一批,增值税专用发票上载明:价款为 400 000 元,增值税税额为 52 000 元。3W 材料已验收入库,货税款尚未支付。

2. 销售 Y 产品一批,增值税专用发票上载明:价款为 200 000 元,增值税税额为 26 000 元。货税款已存入银行。

3. 购入机器设备一台,增值税专用发票上载明:价款为 150 000 元,增值税税额为 19 500 元。设备已到达并交付使用,款项已支付。

4. 购入 4W 材料一批,增值税专用发票上载明:价款为 500 000 元,增值税税额为 65 000 元。4W 材料已入库,货款已支付。材料入库后,将该材料全部用于厂房建造工程项目。

【要求】

1. 计算本期应纳增值税税额。

2. 根据业务 1 至业务 4 资料,编制相关的会计分录。

【答题】

1. 计算

本期应纳增值税税额 =

2. 编制会计分录

业务号	业务摘要	会计分录
1		
2		
3		
4		

实　务　十

【目的】　练习应交增值税的核算。

【资料】　假设【实务九】中的 MC 公司为增值税小规模纳税人,适用征收率为 3%。该公司发生的经济业务不变,均取得增值税普通发票。

【要求】

1. 根据【实务九】给出的资料,计算本期应纳增值税税额。

2. 根据【实务九】业务 1 至业务 4 给出的资料,编制相关的会计分录。

【答题】

1. 计算

本期应纳增值税税额 =

2. 编制会计分录

业务号	业务摘要	会计分录
1		
2		
3		
4		

实　务　十　一

【目的】　练习短期借款的核算。

【资料】　MC 公司 9 月 1 日借入期限为 3 个月的短期借款 600 000 元,借款年利率为 8%。

借款到期一次还本,利息费用在第 2 个月开始支付,每月末采用预先计提方法核算。

【要求】 根据以上经济业务资料,编制相关的会计分录。

【答题】

分录号	业务摘要	会计分录
(1)		
(2)		
(3)		

实 务 十 二

【目的】 练习长期借款的核算。

【资料】 MC 公司为建造一车间,从银行取得长期借款 2 400 000 元,期限两年,年利率 10%,利息按年支付。该车间于第一年末完工验收交付使用。

【要求】 根据以上经济业务资料,编制取得借款、计提利息和归还借款本息的会计分录。

【答题】

分录号	业务摘要	会计分录
(1)		
(2)		

续表

分录号	业务摘要	会计分录
(3)		
(4)		
(5)		

五、综合实务题

1. YX 公司为增值税一般纳税人,原材料按实际成本核算,适用税率为 13%。该公司 6 月发生下列经济业务:

(1) 购进 A10 材料一批,增值税专用发票上载明:价款 600 000 元,增值税税额 78 000 元。A10 材料尚未验收入库,款项用银行存款支付。

(2) 用银行存款支付购入上述 A10 材料的运输费 20 000 元(含税,增值税税率为 9%),保险费 2 000 元(含税,增值税税率为 6%)。A10 材料已验收入库。

(3) 从某小规模纳税人购进 A8 材料 50 000 元。已取得增值税普通发票,并已验收入库,款项用银行存款支付。

(4) 销售应交消费税产品取得的销售收入 1 000 000 元,增值税税额 130 000 元,款项均已收存银行。

(5) 用银行存款缴纳上月应交未交的增值税税额 10 000 元。

(6) 收取转让土地使用权转让金 80 000 元(含税,增值税税率为 6%)存入银行。

(7) 结转本月应交未交增值税额。

(8) 按消费税税率 10% 计提本月应交消费税额。

(9) 按城市维护建设税税率 7% 计提本月应交城市维护建设税额。

(10) 按教育费附加率 3% 计提本月应交教育费附加。

【要求】　根据以上经济业务资料,编制相关的会计分录。

【答题】

业务号	业务摘要	会计分录
(1)		
(2)		
(3)		
(4)		
(5)		
(6)		
(7)		
(8)		
(9)		
(10)		

2. 假设业务 1 中的 YX 公司为增值税小规模纳税人,适用征收率为 3%。该公司发生的经济业务不变,均取得增值税普通发票。

【要求】 根据给出的经济业务资料,编制相关的会计分录。

【答题】

【答题】

业务号	业务摘要	会计分录
(1)		
(2)		
(3)		
(4)		
(5)		
(6)		
(7)		
(8)		
(9)		
(10)		

第八章

所有者权益

知识梳理

本章的学习内容及重难点、关键点见表 8-1。

表 8-1　本章的学习内容及重难点、关键点

知识要点		重点	难点	关键点
所有者权益的概念		√		
所有者权益的内容	实收资本（或股本）	√		
	资本公积	√	√	
	盈余公积	√		
	未分配利润	√		
所有者权益与债权人权益的区别	性质不同			
	享受的权利不同			
	偿还期限不同			
	风险不同			
	计量不同			
所有者权益核算应设置的会计科目	实收资本	√		√
	资本公积	√	√	√
	盈余公积	√		√
接受货币资金投资的核算		√	√	√
接受非现金资产投资的核算	接受固定资产投资	√	√	
	接受材料投资	√	√	
	接受无形资产投资	√	√	
实收资本增减变动的核算		√		
资本公积与实收资本的区别	来源和性质不同			
	用途不同			
资本公积的核算		√		
盈余公积的内容		√		
盈余公积的分类		√		
盈余公积的用途		√		
盈余公积的核算	提取法定盈余公积和任意盈余公积	√		√
	盈余公积补亏		√	
	盈余公积转增资本	√		
	用盈余公积发放现金股利或利润	√		

相关法规 🔧 ·····························

本章可能涉及的法律法规见表 8-2。

表 8-2　本章可能涉及的法律法规

法律法规名称	修订、颁布或施行时间
小企业会计准则	2013 年 1 月 1 日
小企业会计准则——会计科目、主要账务处理和财务报表	2013 年 1 月 1 日
企业会计准则第 1 号——存货	2007 年 1 月 1 日
企业会计准则第 4 号——固定资产	2007 年 1 月 1 日
企业会计准则第 6 号——无形资产	2007 年 1 月 1 日
中国人民银行支付结算办法	1997 年 12 月 1 日
中华人民共和国增值税暂行条例	2009 年 1 月 1 日
中华人民共和国增值税暂行条例实施细则	2011 年 11 月 1 日
关于全面推开营业税改征增值税试点的通知	2016 年 5 月 1 日
关于调整增值税税率的通知	2018 年 5 月 1 日
关于深化增值税改革有关政策的公告	2019 年 4 月 1 日
关于深化增值税改革有关事项的公告	2019 年 4 月 1 日
中华人民共和国公司法	2018 年 11 月 26 日

关键概念 📖 ·····························

1. 所有者权益

所有者权益是指企业资产扣除负债后由所有者享有的剩余权益，即：所有者权益 = 资产 −
负债。公司的所有者权益又称为股东权益。

2. 实收资本

实收资本是指投资者按照合同协议约定或相关规定投入到企业，构成企业注册资本的
部分。

3. 资本公积

资本公积是指企业收到的投资者出资额超过其在注册资本或股本中所占份额的部分，主
要包括资本溢价（或股本溢价）和其他资本公积。

4. 盈余公积

盈余公积是指企业按照法律规定在税后利润中提取的法定公积金和任意公积金。

5. 未分配利润

未分配利润是指企业实现的净利润,经过弥补亏损、提取法定公积金和任意公积金、向投资者分配利润后,留存在本企业的、历年结存的利润。

本章训练

一、单项选择题

1. 不属于所有者权益的项目是( )。

    A. 法定盈余公积　　　　　　　　B. 资本溢价

    C. 债权人权益　　　　　　　　　D. 未分配利润

2. 资本溢价是指( )。

    A. 投资人缴付的出资额大于注册资本的差额

    B. 企业发生的财产溢余

    C. 投资人的注册资本大于缴付的出资额

    D. 企业接受的捐赠

3. 非股份制公司对于投资人投入的资本应在( )科目中进行核算。

    A. 实收资本　　　　　　　　　　B. 盈余公积

    C. 股本　　　　　　　　　　　　D. 未分配利润

4. 不属于实收资本增加途径的是( )。

    A. 接受投资者追加投资　　　　　B. 资本公积转增资本

    C. 盈余公积转增资本　　　　　　D. 盈余公积补亏

5. 任意盈余公积是由企业( )提取的。

    A. 按净利润的 10%　　　　　　　B. 按合同规定

    C. 按净利润的 5%　　　　　　　　D. 自行决定

6. 企业用盈余公积弥补亏损时,应贷记( )科目。

    A. 资本公积　　　　　　　　　　B. 本年利润

    C. 盈余公积　　　　　　　　　　D. 利润分配

7. 企业接受非现金资产的投资,应按( )入账。

    A. 投资单位账面价值　　　　　　B. 市场价格

    C. 投资合同或协议约定价值　　　D. 重新估价

8. 资本公积主要用于( )。

    A. 转增资本　　　　　　　　　　B. 弥补亏损

    C. 发放现金股利或利润　　　　　D. 企业扩大生产

9. 当提取的法定盈余公积达到注册资本的（   ）时，可不再提取盈余公积。

A. 20%

B. 25%

C. 50%

D. 10%

10. 某企业年初所有者权益总额 160 万元，当年以其中的资本公积转增资本 50 万元。同时本年度实现净利润 300 万元，提取盈余公积 30 万元，向投资者分配利润 20 万元。该企业年末所有者权益总额为（   ）万元。

A. 360

B. 410

C. 440

D. 460

11. 2023 年 1 月 1 日，某企业所有者权益情况如下：实收资本 200 万元，资本公积 17 万元，盈余公积 38 万元，未分配利润 32 万元。则该企业 2023 年 1 月 1 日留存收益为（   ）万元。

A. 32

B. 38

C. 70

D. 87

12. 企业接受投资者投入资金时，余额不可能发生变化的科目是（   ）。

A. 利润分配

B. 实收资本

C. 资本公积

D. 银行存款

13. 某企业年初盈余公积余额为 500 万元，本年提取法定盈余公积 300 万元，用盈余公积转增资本 200 万元。则该企业盈余公积的年末余额为（   ）万元。

A. 450

B. 500

C. 550

D. 600

14. 某企业年初未分配利润的贷方余额为 120 万元，本年度实现的净利润为 150 万元，按 10% 提取法定盈余公积。假定不考虑其他因素，应提法定盈余公积（   ）万元。

A. 27

B. 15

C. 12

D. 7

15. 某企业收到某单位作价投入的原材料一批，双方确认的价值为 460 000 元，经税务部门认定应交的增值税为 59 800 元。则该企业应记入"实收资本"科目的金额为（   ）元。

A. 460 000

B. 519 800

C. 400 200

D. 59 800

16. 不属于企业留存收益的项目是（   ）。

A. 法定盈余公积

B. 任意盈余公积

C. 资本溢价

D. 未分配利润

17. 对有限责任公司而言，如有新投资者加入，其缴纳的出资额大于按约定比例计算的应在注册资本中所占的份额部分，应记入（   ）科目。

A. 实收资本

B. 营业外收入

    C. 资本公积   D. 盈余公积

18. 会引起一项所有者权益减少,而另一项所有者权益增加的经济业务是(   )。

  A. 所有者投入资金偿还欠款

  B. 企业向所有者分配利润

  C. 所有者向企业投入设备

  D. 企业提取盈余公积

19. 企业收到投资者出资额超过其在注册资本中所占份额的部分,应作为(   )。

  A. 实收资本(或股本)   B. 资本公积

  C. 盈余公积   D. 未分配利润

20. 盈余公积转增资本的会计分录是(   )。

  A. 借:盈余公积   B. 借:盈余公积

    贷:利润分配   贷:实收资本

  C. 借:盈余公积   D. 借:银行存款

    贷:应付利润   贷:盈余公积

二、多项选择题

1. 所有者权益和债权人权益的区别有(   )。

  A. 性质不同   B. 享受的权利不同

  C. 偿还期限不同   D. 风险不同

2. 盈余公积转增资本后,(   )。

  A. 不涉及企业所有者权益总额的变化

  B. 增加了实收资本

  C. 减少了企业所有者权益

  D. 不影响投资者可供分配的利润

3. 盈余公积可用于(   )。

  A. 支付股利   B. 转增资本

  C. 弥补亏损   D. 转为资本公积

4. 投资人缴付的出资额(   )注册资本。

  A. 可以大于   B. 可以等于

  C. 可以小于   D. 只能等于

5. 资本公积包括(   )。

  A. 资本溢价   B. 股本溢价

  C. 其他资本公积   D. 投入资本

6. 实物出资可以是(   )。

A. 厂房 B. 机器设备

C. 材料 D. 商标权

7. 属于企业留存收益的项目有（　　　　）。

A. 法定盈余公积 B. 任意盈余公积

C. 资本溢价 D. 利润分配

8. 能同时引起资产和所有者权益发生增减变化的项目有（　　　　）。

A. 将盈余公积转赠资本 B. 接受现金投资

C. 用盈余公积弥补亏损 D. 投资者投入资本

9. 仅影响所有者权益这一要素结构变动的项目有（　　　　）。

A. 用盈余公积弥补亏损 B. 用盈余公积转增资本

C. 宣告分配现金股利 D. 用资本公积转增资本

10. 关于盈余公积，正确的表述有（　　　　）。

A. 盈余公积是指企业按照规定从利润总额中提取的积累资金

B. 法定盈余公积累计额达到注册资本的 50% 时可不再提取

C. 任意盈余公积按照税后利润的 5%~10% 的比例提取

D. 盈余公积可用于转增资本

11. 企业实收资本增加的途径有（　　　　）。

A. 接受投资者投资 B. 向投资者分配股利

C. 经批准用盈余公积转增 D. 经批准用资本公积转增

12. 会引起留存收益总额发生增减变动的项目有（　　　　）。

A. 发放现金股利 B. 盈余公积补亏

C. 盈余公积转增资本 D. 资本公积转增资本

13. 形成资本溢价原因的有（　　　　）。

A. 溢价发行股票 B. 投资者超额缴入资本

C. 资本公积转增资本 D. 提取法定盈余公积

14. 企业所有者权益包括（　　　　）。

A. 实收资本 B. 资本公积

C. 盈余公积 D. 未分配利润

15. 提取盈余公积的用途有（　　　　）。

A. 弥补亏损 B. 转增资本

C. 派发利润 D. 留存收益

三、判断题

（　　　）1. 所有者权益是企业资产扣除权益后由所有者享有的剩余权益。

（　　）2. 企业的实收资本在任何时候一定等于注册资本。

（　　）3. 法定盈余公积是根据国家规定的比例计提,而任意盈余公积是公司制企业按股东大会的决议提取。

（　　）4. 企业收到的固定资产投资时,应按投出单位的净值入账。

（　　）5. 企业收到所有者投入的资金时,应全部记入"实收资本"或"股本"科目。

（　　）6. 出资者以土地使用权进行投资,没有出资金额限定。

（　　）7. 在企业持续经营情况下,投资者一般不得收回投资。

（　　）8. 用盈余公积转增资本或弥补亏损,均不影响所有者权益总额的变化。

（　　）9. 由于所有者权益和负债都是对企业资产的要求权,因此它们的性质是一样的。

（　　）10. 企业用盈余公积弥补亏损,会导致留存收益减少。

（　　）11. 所有者的风险大于债权人的风险。

（　　）12. 企业的所有者和债权人均是企业资金的提供者。

（　　）13. 资本公积的用途主要是用来转增资本(或股本)。

（　　）14. 企业亏损超过了税法规定的税前弥补期限 5 年还未弥补完毕的,应由以后年度税后利润弥补。

（　　）15. 任意盈余公积是由企业自行决定提取的。

四、单项实务题

实　务　一

【目的】　练习投入资本的核算。

【资料】　FL 公司为增值税一般纳税人,适用税率为 13%。该公司发生以下经济业务:

1. 收到 KM 公司开具的转账支票一张,投入货币资金 300 000 元。支票已送银行进账。

2. 收到 IT 公司投资的一项专利权,经评估确认价值为 350 000 元(含税,增值税税率为 6%)。

3. 收到 YY 先生投入的旧设备一台,账面原值 90 000 元,已提折旧 8 000 元,双方确认的价值为 82 000 元(不含税)。

4. 收到 YM 公司投入的原材料一批,投资合同约定价值为 60 000 元,进项税税额为 7 800 元。YM 公司已开具增值税专用发票,约定价值与公允价值相符,材料已验收入库。

5. 收到 BC 公司投入的非专利技术一项,合同约定价值为 60 000 元(含税,增值税税率为 6%),同时收到 BF 公司投入的科研楼一栋,合同约定该房屋的价值为 30 000 000 元(含税,增值税税率为 9%),合同约定价值与公允价值均相符。

【要求】　根据以上经济业务资料,编制相关的会计分录。

【答题】

业务号	业务摘要	会计分录
1		
2		
3		
4		
5		

实　务　二

【目的】　练习投入资本的核算。

【资料】　假设【实务一】中的 FL 公司为增值税小规模纳税人,适用征收率为3%。该公司发生的经济业务不变,均取得增值税普通发票。

【要求】　根据给出的经济业务资料,编制相关的会计分录。

【答题】

业务号	业务摘要	会计分录
1		
2		
3		

业务号	业务摘要	会计分录
4		
5		

实 务 三

【目的】 练习资本公积的核算。

【资料】 FG 公司发生以下经济业务：

1. 假设该公司由 A、B、C 三位股东各投资 150 万元人民币设立。设立时实收资本为 450 万元。经过三年的经营，所有者权益总额为 700 万元，这时又有 D 投资者愿意加入该企业，并表示愿意出资 220 万元，享有与 A、B、C 三位股东同等的权利，A、B、C 三位股东表示同意，D 投资者的出资款已转入企业银行存款户。

2. 假设该公司由 A、B、C、D 四位股东组成，出资比例相同，并享有同等的权利。因扩大经营规模的需要，经批准按原出资比例将资本公积 20 万元转增资本。

【要求】 根据以上经济业务资料，编制相关的会计分录。

【答题】

业务号	业务摘要	会计分录
1		
2		

实 务 四

【目的】 练习盈余公积的核算。

【资料】 FI 公司发生以下经济业务：

1. 经股东大会决定,用法定盈余公积弥补以前年度超过 5 年的企业亏损 360 000 元。

2. 公司 2017 年实现的税后利润为 3 000 000 元。根据股东大会决定,分别按当年净利润的 10%、8% 的比例提取法定盈余公积和任意盈余公积。

3. 经股东大会同意,按原出资比例将盈余公积 200 000 元用于转增资本(JH、YH 公司原出资比例为 3∶1)。

【要求】　根据以上经济业务资料,编制相关的会计分录。

【答题】

业务号	业务摘要	会计分录
1		
2		
3		

实 务 五

【目的】　练习盈余公积的核算。

【资料】　SX 公司年初未分配利润为 20 万元,2022 年实现利润总额 100 万元,所得税适用税率为 25%,年末企业按 10% 的比例计提盈余公积如下:

借:利润分配——提取法定盈余公积　　　　　　　　120 000

　　贷:盈余公积——法定盈余公积　　　　　　　　　120 000

【要求】　分析上述业务的处理有无差错,将错误的处理纠正过来。

【答题】

更正理由:

正确的计算:

正确的会计分录:

五、综合实务题

1. ZV 公司为增值税一般纳税人,适用税率为 13%。该公司发生以下经济业务:

(1) 收到 AN 公司投入的资本 250 000 元,BN 公司投入的资本 50 000 元,共计人民币 300 000 元。该款项全部存入本公司的开户银行。

(2) 收到 LH 公司投资设备一台,账面原价 90 000 元,已提折旧 8 000 元,双方合同约定价值为 80 000 元(不含税,增值税税率为 13%)。

(3) 收到 KB 公司投入的一项土地使用权,双方确认价值为 53 000 元(含税,增值税税率为 6%)。

(4) ZV 公司原由 AN、BN 和 LH 三个投资者投资组成,共计实收资本 380 000 元。经营三年后,有 LM 投资者加入 ZV 公司。经协商决定,LM 公司需出资 150 000 元,才能拥有 ZV 公司 25% 的股份,款项已存入银行。

(5) 经股东大会批准,将资本公积 100 000 元、法定盈余公积 160 000 元转增资本。

(6) 经股东大会决定,用法定盈余公积 80 000 元弥补以前年度超过 5 年的亏损。

(7) ZV 公司 2017 年实现净利润为 200 万元,年初未分配利润为 20 万元,分别按 10% 和 5% 提取法定盈余公积和任意盈余公积。

【要求】 根据以上经济业务资料,编制相关会计分录。

【答题】

业务号	业务摘要	会计分录
(1)		
(2)		
(3)		
(4)		

业务号	业务摘要	会计分录
(5)		
(6)		
(7)		

2. 假设业务 1 中的 ZV 公司为增值税小规模纳税人,适用征收率为 3%。该公司发生的经济业务不变,均取得增值税普通发票。

【要求】 根据给出的经济业务资料,编制相关的会计分录。

【答题】

业务号	业务摘要	会计分录
(1)		
(2)		
(3)		

续表

业务号	业务摘要	会计分录
(4)		
(5)		
(6)		
(7)		

续表

第九章

收入、费用、利润及其分配

知识梳理

本章的学习内容及重难点、关键点见表 9-1。

表 9-1　本章的学习内容及重难点、关键点

知识要点			重点	难点	关键点
收入的概念			√		
收入的特征			√		
收入的分类	按收入形成来源分类	商品销售收入	√		
		提供劳务收入	√		
	按企业经营业务的主次分类	主营业务收入	√		
		其他业务收入	√		
商品销售收入的确认条件				√	
收入核算应设置的会计科目		主营业务收入	√		√
		其他业务收入	√		√
		发出商品		√	√
		劳务成本		√	
商品销售收入的核算	一般商品销售		√		√
	发生销售折扣和销售折让	商业折扣	√	√	
		现金折扣	√	√	
		销售折让	√	√	
	发生销售退回		√	√	
	采用预收款方式销售商品		√	√	
	采用支付手续费方式委托代销商品			√	
	销售材料等存货		√		√
提供劳务收入的核算	在同一会计期间内开始并完成的劳务			√	
	劳务的开始和完成分属不同的会计期间	提供劳务交易的结果能够可靠计量		√	
		提供劳务交易的结果不能可靠计量		√	
费用的概念			√		
费用的特点			√		

续表

知识要点			重点	难点	关键点
费用的分类	营业成本	主营业务成本	√		
		其他业务成本	√		
	税金及附加		√		
	期间费用	管理费用	√		
		销售费用	√		
		财务费用	√		
费用核算应设置的科目	主营业务成本		√		√
	其他业务成本		√		√
	税金及附加		√		√
	销售费用		√		√
	管理费用		√		√
	财务费用		√		√
费用的核算	主营业务成本的核算		√		
	其他业务成本的核算		√		
	税金及附加的核算		√		
	销售费用的核算		√		
	管理费用的核算		√		
	财务费用的核算		√		
利润的概念			√		
利润的组成	营业利润	营业收入	√		
		营业成本	√		
		投资收益	√		
	利润总额	营业外收入	√		
		营业外支出	√		
	净利润		√		
营业外收入的核算			√		
营业外支出的核算			√		
利润及利润分配核算应设置的会计科目	本年利润		√	√	√
	所得税费用		√		√
	利润分配		√	√	
本年利润的核算	结转本年利润的方法	表结法			
		账结法	√		

续表

知识要点			重点	难点	关键点
本年利润的核算	结转本年利润的核算	结转各项收入	√		
		结转各项费用	√		
所得税费用的核算	企业所得税的概念		√		
	企业所得税的税率		√		
	应纳税所得额的计算	纳税调整增加额	√	√	
		纳税调整减少额	√	√	
	所得税费用的会计处理		√		
利润分配的核算			√	√	
利润与利润分配的年终结转			√	√	

相关法规

本章可能涉及的法律法规见表9–2。

表 9–2　本章可能涉及的法律法规

法律法规名称	修订、颁布或施行时间
小企业会计准则	2013 年 1 月 1 日
小企业会计准则——会计科目、主要账务处理和财务报表	2013 年 1 月 1 日
企业会计准则第 1 号——存货	2007 年 1 月 1 日
企业会计准则第 6 号——无形资产	2007 年 1 月 1 日
企业会计准则第 9 号——职工薪酬	2014 年 7 月 23 日
企业会计准则第 14 号——收入	2018 年 1 月 1 日
企业会计准则第 18 号——所得税	2007 年 1 月 1 日
中国人民银行支付结算办法	1997 年 12 月 1 日
中华人民共和国票据法	2004 年 8 月 28 日
票据管理实施办法	2011 年 1 月 8 日
中华人民共和国增值税暂行条例	2017 年 11 月 19 日
中华人民共和国增值税暂行条例实施细则	2011 年 11 月 1 日
关于全面推开营业税改征增值税试点的通知	2016 年 5 月 1 日
关于调整增值税税率的通知	2018 年 5 月 1 日
关于深化增值税改革有关政策的公告	2019 年 4 月 1 日
关于深化增值税改革有关事项的公告	2019 年 4 月 1 日
中华人民共和国企业所得税法	2018 年 12 月 29 日
中华人民共和国企业所得税法实施条例	2019 年 4 月 23 日

关键概念

1. 收入

收入是指企业在日常生产经营活动中形成的、会导致所有者权益增加、与所有者投入资本无关的经济利益的总流入。

2. 销售商品收入

销售商品收入是指企业销售商品（或产成品、材料）取得的收入。

3. 提供劳务收入

提供劳务收入是指企业从事劳务服务活动取得的收入。

4. 主营业务收入

主营业务收入是指企业在正常生产经营过程中所从事主要业务取得的收入。

5. 其他业务收入

其他业务收入是指除主营业务活动以外的其他经营活动实现的收入。

6. 销售折扣

销售折扣是指企业为了促进商品销售或为鼓励购买方尽快付款而给予的价格优惠或债务扣除，包括商业折扣和现金折扣。

7. 商业折扣

商业折扣是指企业为促进商品销售给予的价格扣除。

8. 现金折扣

现金折扣是指债权人为鼓励债务人在规定期限内及时付款，而向债务人提供的债务扣除。

9. 销售折让

销售折让是指企业因售出商品质量不符合要求等原因而在售价上给予的减让。

10. 销售退回

销售退回是指企业售出的商品由于质量、品种、规格不符合要求等原因而发生的退货。

11. 采用支付手续费方式委托代销商品

采用支付手续费方式委托代销商品是指委托方和受托方签订合同或协议，受托方按照合同或协议价规定的价格销售代销商品，委托方根据合同或协议约定向受托方计算支付代销手续费的销售方式。

12. 费用的概念

费用是指企业在日常活动中发生的、会导致所有者权益减少、与向所有者分配利润无关的经济利益的总流出。

13. 营业成本

营业成本是指企业所销售商品的成本和所提供劳务的成本,包括主营业务成本和其他业务成本。

14. 税金及附加

税金及附加是指企业开展日常生产经营活动应负担的相关税费,包括消费税、城市维护建设税、教育费附加等。

15. 期间费用

期间费用是指企业日常生产经营活动中不能计入特定核算对象的成本,而应计入发生当期损益的费用,包括管理费用、销售费用和财务费用。

16. 销售费用

销售费用是指企业在销售商品和材料、提供劳务过程中发生的费用,包括企业销售商品过程中发生的运输费、装卸费、包装费、保险费、展览费和广告费,以及为销售本企业商品而专设的销售机构(含销售网点、售后服务网点等)的职工薪酬、业务费等经营费用。

17. 管理费用

管理费用是指企业为组织和管理生产经营所发生的其他费用,包括企业在筹建期间的发生的开办费,行政管理部门发生的费用(包括管理人员的职工薪酬、办公费、差旅费、修理费、水电费、固定资产折旧费、低值易耗品摊销等)、聘请中介机构费、咨询费(含顾问费)、诉讼费、业务招待费、技术转让费、研究与开发费、财产保险费以及相关长期待摊费用摊销等。

18. 财务费用

财务费用是指企业为筹集生产经营活动所需资金等而发生的筹资费用,包括利息支出(减利息收入)、汇兑损失(减汇兑收益)以及相关的手续费、企业发生的现金折扣或收到的现金折扣等。

19. 利润

利润是指企业在一定会计期间的经营成果,包括营业利润、利润总额和净利润。

20. 营业利润

营业利润是指营业收入减去营业成本、税金及附加、销售费用、管理费用、财务费用,加上投资收益(或减去投资损失)后的金额。

21. 营业收入

营业收入是指企业销售商品或提供劳务实现的收入总额,包括主营业务收入和其他业务收入。

22. 营业成本

营业成本是指企业为实现销售商品或提供劳务收入而发生的成本总额,包括主营业务成本和其他业务成本。

23. 投资收益

投资收益由企业股权投资取得的现金股利(或利润)、债券投资取得的利息收入,以及处置股权投资和债券投资取得的处置价款扣除成本或账面余额、相关税费后的净额三部分构成。

24. 利润总额

利润总额是指营业利润加上营业外收入,减去营业外支出后的金额。

25. 营业外收入

营业外收入是指企业非日常生产经营活动形成的、应当计入当期损益、会导致所有者权益增加、与所有者投入资本无关的经济利益的净流入。

26. 营业外支出

营业外支出是指企业非日常生产经营活动发生的、应当计入当期损益、会导致所有者权益减少、与向所有者分配利润无关的经济利益的净流出。

27. 净利润

净利润是指利润总额减去所得税费用后的净额。

28. 表结法

表结法是指在各月末不结转本年利润,只有在年末才将所有损益类科目的余额转入"本年利润"科目的登账方法。

29. 账结法

账结法是指每月月末均需填制记账凭证,将所有损益类科目的余额转入"本年利润"科目的登账方法。

30. 企业所得税

企业所得税是指在我国境内,对企业和其他取得收入的组织来源于生产经营的所得和其他所得征收的一种税。

本章训练

一、单项选择题

1. 对于工业性企业,属于主营业务收入的项目是(　　)。

    A. 转让本企业无形资产使用权收取的使用费收入

    B. 为其他企业提供运输服务的收入

    C. 出售包装物收入

    D. 销售库存商品收入

2. 应记入"财务费用"科目的是(　　)。

    A. 商业折扣   B. 现金折扣

    C. 销售退回   D. 销售折让

3. 不属于费用的项目是( )。

    A. 董事会费   B. 劳动保险费

    C. 销售人员工资   D. 车间管理人员工资

4. 属于营业外收入的项目是( )。

    A. 罚没收入   B. 销售商品收入

    C. 转让材料收入   D. 提供劳务收入

5. 在采用支付手续费委托代销商品方式下,委托方确认销售收入的时间是( )。

    A. 签订代销协议时   B. 收到代销商品款时

    C. 发出商品时   D. 收到代销清单时

6. 罚没支出属于( )。

    A. 主营业务成本   B. 其他业务成本

    C. 营业外支出   D. 管理费用

7. QQ 公司 6 月共增加银行存款 50 000 元。其中:出售商品收入 20 000 元,增值税税额 2 600 元;出售固定资产净收益 25 000 元;出租包装物收入 1 600 元,增值税税额 208 元。则该月符合《小企业会计准则》收入定义的金额为( )元。

    A. 50 008   B. 21 600

    C. 20 000   D. 46 600

8. 不应确认为营业外支出的项目是( )。

    A. 公益性捐赠支出   B. 无形资产转让损失

    C. 固定资产盘亏损失   D. 销售材料成本

9. 关于"销售费用"科目的表述,不正确的是( )。

    A. 属于损益类科目

    B. 借方登记本期发生的各项销售费用

    C. 贷方登记期末结转"本年利润"科目的销售费用

    D. 期末借方余额表示尚未结转的销售费用

10. 不列入税金及附加的税金是( )。

    A. 增值税   B. 所得税

    C. 印花税   D. 消费税

11. 不影响企业营业利润的项目是( )。

    A. 商品销售收入   B. 固定资产租金收入

    C. 劳务收入   D. 罚没收入

12. 专设销售机构发生的办公费用,应当计入(　　)。

　　A. 管理费用　　　　　　　　　B. 销售费用

　　C. 财务费用　　　　　　　　　D. 营业外支出

13. WW 公司为增值税一般纳税人。2022 年应交各种税金为:增值税税额为 50 万元,消费税税额为 150 万元,城市维护建设税税额为 14 万元,房产税税额为 10 万元,车船税税额为 5 万元。上述各项税金应计入税金及附加的金额为(　　)万元。

　　A. 50　　　　　　　　　　　　B. 179

　　C. 200　　　　　　　　　　　D. 29

14. 不属于其他业务收入的项目是(　　)。

　　A. 固定资产出售收入　　　　　B. 固定资产出租收入

　　C. 材料出售收入　　　　　　　D. 包装物出租收入

15. 不计入财务费用的项目是(　　)。

　　A. 现金折扣　　　　　　　　　B. 利息收入

　　C. 商业折扣　　　　　　　　　D. 银行手续费

16. 发生的固定资产净盘亏应记入(　　)科目。

　　A. 固定资产清理　　　　　　　B. 其他业务成本

　　C. 管理费用　　　　　　　　　D. 营业外支出

17. 关于利润的说法,错误的是(　　)。

　　A. 利润是指企业在一定会计期间的经营成果

　　B. 直接计入当期利润的利得和损失,是指应当计入当期损益、会导致所有者权益发生
　　　　增减变动的、与所有者投入资本或者向所有者分配利润无关的利得或者损失

　　C. 利润项目应当列入利润表

　　D. 利润总额只取决于收入和费用的计量,而不涉及利得和损失金额的计量

18. 技术转让费应记入(　　)科目。

　　A. 主营业务成本　　　　　　　B. 其他业务成本

　　C. 管理费用　　　　　　　　　D. 销售费用

19. 企业支付的税款滞纳金应当计入(　　)。

　　A. 财务费用　　　　　　　　　B. 其他业务成本

　　C. 营业外支出　　　　　　　　D. 销售费用

20. 企业营业利润为 110 万元,管理费用为 15 万元,投资收益为 30 万元,营业外收支净额为 30 万元,则该企业本期利润总额为(　　)万元。

　　A. 80　　　　　　　　　　　　B. 140

　　C. 155　　　　　　　　　　　D. 170

21. 能引起营业利润增加的项目是(　　　)。

    A. 营业外收入增加　　　　　　　　B. 财务费用增加

    C. 管理费用减少　　　　　　　　　D. 投资收益减少

22. 不应计入销售费用的支出是(　　　)。

    A. 广告费和展览费　　　　　　　　B. 销售商品发生的代垫运输费

    C. 销售商品发生的运输费　　　　　D. 售后服务网点工作人员的工资

23. 作为当期营业利润扣除项目的是(　　　)。

    A. 增值税　　　　　　　　　　　　B. 广告费

    C. 出售无形资产净损失　　　　　　D. 罚款支出

24. 企业在开出发票等账单、收到货款时确认收入的会计分录是(　　　)。

    A. 借:银行存款　　　　　　　　　　B. 借:银行存款

    　　贷:应收账款　　　　　　　　　　　贷:主营业务收入

    　　　　　　　　　　　　　　　　　　　　　应交税费——应交增值税

    C. 借:应收票据　　　　　　　　　　D. 借:银行存款

    　　贷:应收账款　　　　　　　　　　　贷:预收账款

25. 在计算应纳税所得额时,不得扣除的支出是(　　　)。

    A. 职工福利费　　　　　　　　　　B. 租入固定资产租赁费

    C. 赞助支出　　　　　　　　　　　D. 公益性捐赠支出

二、多项选择题

1. 企业跨期提供劳务的,期末可以按照完工百分比法确认收入的条件包括(　　　　)。

    A. 劳务总收入能够可靠地计量　　　B. 相关的经济利益能够流入企业

    C. 劳务的完成程度能够可靠地确定　D. 劳务总成本能够可靠地计量

2. 年末应无余额的科目有(　　　　)。

    A. 主营业务收入　　　　　　　　　B. 营业外收入

    C. 利润分配　　　　　　　　　　　D. 投资收益

3. 可以计入利润表"税金及附加"项目的有(　　　　)。

    A. 增值税　　　　　　　　　　　　B. 城市维护建设税

    C. 教育费附加　　　　　　　　　　D. 消费税

4. 影响营业利润的项目有(　　　　)。

    A. 支付的广告费　　　　　　　　　B. 发生的业务招待费

    C. 收到的罚没收入　　　　　　　　D. 发生的利息支出

5. 企业发生的收入,通常表现为(　　　　)。

    A. 资产增加　　　　　　　　　　　B. 负债增加

C. 负债减少 　　　　　　　　　D. 所有者权益增加

6. 应计入管理费用的有（　　　　　）。

　　A. 财产保险费 　　　　　　　B. 筹建期间的开办费

　　C. 车船税 　　　　　　　　　D. 业务招待费

7. 期末应结转到"本年利润"科目的有（　　　　　）。

　　A. 营业外收入 　　　　　　　B. 营业外支出

　　C. 投资收益 　　　　　　　　D. 营业利润

8. 属于营业外支出核算内容的项目有（　　　　　）。

　　A. 固定资产盘亏 　　　　　　B. 公益性捐赠支出

　　C. 罚款支出 　　　　　　　　D. 非常损失

9. 影响当期利润总额的项目有（　　　　　）。

　　A. 固定资产盘亏 　　　　　　B. 确认所得税费用

　　C. 公益性捐赠 　　　　　　　D. 无形资产出售利得

10. 不应当作为收入处理的项目有（　　　　　）。

　　A. 销售商品收取的增值税销项税额

　　B. 预收销售商品款

　　C. 旅行社代客购买机票收取的款项

　　D. 提供工业性劳务收入

11. 属于财务费用的项目有（　　　　　）。

　　A. 发生的现金折扣 　　　　　B. 利息支出

　　C. 利息收入 　　　　　　　　D. 金融机构手续费

12. 企业在取得收入时,会受到影响的会计要素可能是（　　　　　）。

　　A. 资产 　　　　　　　　　　B. 负债

　　C. 所有者权益 　　　　　　　D. 费用

13. 收入按形成来源可分为（　　　　　）。

　　A. 销售商品收入 　　　　　　B. 提供劳务收入

　　C. 主营业务收入 　　　　　　D. 其他业务收入

14. 企业的利润总额由（　　　　　）因素组成。

　　A. 营业利润 　　　　　　　　B. 投资收益

　　C. 营业外收入 　　　　　　　D. 营业外支出

15. 属于纳税调整额项目的有（　　　　　）。

　　A. 超过税法规定标准的业务招待费支出

　　B. 税收滞纳金

  C. 国债利息收入

  D. 捐赠利得

16. 属于管理费用的项目有（   ）。

  A. 产品包装费   B. 技术转让费

  C. 展览费   D. 财产保险费

17. 现金折扣条件"2/10,1/20,n/30"的意思包括（   ）。

  A. 购买方若在 10 日内付清款项,则享受 2% 的现金折扣

  B. 购买方若在 20 日内付清款项,则享受 1% 的现金折扣

  C. 购买方若在 30 日内付清款项,则不能享受现金折扣,必须全额付款

  D. 购买方若在 30 日内付清款项,则现金折扣由双方临时商定,"n"表示待定的折

   扣率

18. 符合《小企业会计准则》收入定义的有（   ）。

  A. 企业销售商品取得的收入

  B. 企业利用自己的设备对外承揽加工业务取得的收入

  C. 企业销售产品代垫的应由购买方承担的运输费用

  D. 企业销售原本用于生产产品的原材料取得的收入

19. 在会计上作为销售商品处理的项目有（   ）。

  A. 以商品进行投资   B. 包装物的销售

  C. 企业将产品捐赠给希望工程   D. 用商品抵债

20. 不影响营业利润项目的有（   ）。

  A. 投资收益或亏损   B. 固定资产处置利得

  C. 捐赠利得   D. 非常损失

三、判断题

（   ）1. 当与某项收入相关的成本不能可靠计量时,该项收入不能确认。

（   ）2. 企业在确认商品销售收入时,要考虑将来预计可能发生的现金折扣和销售折让。

（   ）3. 任何时候发生销售退回,都应冲减退回当月的销售收入,如已结转成本的,还应冲减退回当月的销售成本。

（   ）4. 收入能够导致企业所有者权益增加,但导致所有者权益增加的不一定都是收入。

（   ）5. 企业销售商品时收取的增值税税额不作为收入处理。

（   ）6. 在某些情况下,企业给予购买方的销售折让的处理方法与商业折扣相同。

（   ）7. 收入是指企业在经营活动中形成的、会导致所有者权益增加、与所有者投入资

本无关的经济利益的总流入。

（　　　）8. 企业出售无形资产取得的收入在"其他业务收入"科目核算。

（　　　）9. 收入不包括为第三方或者客户代收的款项,但包括处置固定资产净收益和出售无形资产净收益。

（　　　）10. 某商场在销售电器时向购买方承诺,如果卖出的商品在15天内出现质量问题,可以退货。由于该电器质量稳定,购买方退货现象极少,因此可以认为该商品所有权上的主要风险和报酬已经转移给购买方。

（　　　）11. 企业为拓展销售市场而发生的业务招待费,应计入销售费用。

（　　　）12. 企业生产过程发生的所有支出均构成企业的费用。

（　　　）13. 费用和损失是指企业在日常活动中发生的、会导致所有者权益减少、与向所有者分配利润无关的经济利益的总流出。

（　　　）14. 企业取得收入和发生费用,最终会导致所有者权益发生变化。

（　　　）15. 费用在转入"本年利润"科目后,通常期末无余额。

（　　　）16. 管理费用是企业为筹集生产经营资金而发生的费用。

（　　　）17. 企业的盈余公积达到注册资本的50%时,可不再提取。

（　　　）18. 企业应纳所得税额等于本年度利润总额乘以适用的所得税税率。

（　　　）19. "本年利润"科目年末应无余额。

（　　　）20. 当年盈利,则年度终了结账时,应按盈利金额借记"利润分配——未分配利润"科目,贷记"本年利润"科目。

（　　　）21. 企业应根据股东大会或类似机构通过的利润分配方案,按应支付的现金股利或利润,借记"利润分配"科目,贷记"应付利润(或股利)"科目。

（　　　）22. 企业董事会或类似机构通过的利润分配方案中拟分配的现金股利或利润,借记"利润分配"科目,贷记"应付利润(或股利)"科目。

（　　　）23. 将商品用于捐赠、投资或自用不属于商品销售。

（　　　）24. 在订货销售中,即使已收到货款,但由于产品尚处于生产过程,无法确认其成本,因此,已收的货款只能作为"预收账款"处理。

（　　　）25. 现金折扣应当在实际发生时计入当期财务费用。

四、单项实务题

实　务　一

【目的】　练习收入的核算。

【资料】　ERR公司为增值税一般纳税人,适用税率为13%,月末结转销售商品的成本。该公司5月发生以下经济业务:

1. 1日,向CFT公司赊销EP₁产品50件,增值税专用发票上载明:单位售价为2 000元,价款计100 000元,增值税税额为13 000元。为及早收回货款,在合同中规定现金折扣条件为"2/10,1/20,n/30"。

2. 3日,向CIP公司销售剩余材料一批,增值税发票上载明:价款共计70 000元,增值税税额9 100元。货税款采用商业承兑汇票结算方式结算。

3. 4日,上月向GMM公司出售的15件EP₁产品,因质量出现严重问题被退回。该批商品的销售收入已确认,销售成本已结转,但货款尚未收取。EP₁产品的单位售价为2 000元,价款共计为30 000元,增值税税额为3 900元,单位销售成本1 000元。

4. 8日,收到转账支票一张,CFT公司付清其所购商品货款。

5. 13日,向HFJ公司销售EP₁产品100件,单位售价2 000元,增值税税额为26 000元。由于是成批销售,给予该公司10%的商业折扣。商品已发出,货款已收存银行。

6. 16日,按合同发给HXT公司EP₂产品50件,增值税发票上载明:单位售价1 000元,价款共计50 000元,增值税税额6 500元。签发转账支票一张,代垫运费800元。货已发出,并办妥托收承付手续。

7. 18日,销售给HXT公司的50件EP₂产品到货后,HXT公司发现质量不符合要求,经协商在价格上给予10%的折让,并按规定开具了红字增值税专用发票。

8. 22日,收到HXT公司支付的50件EP₂产品的货款。

9. 25日,向YGS公司转让某专利权的使用权,转让期为5年,合同规定YGS公司每年末支付使用费60 000元(含税,增值税税率为6%)。当年的使用费已收到并存入银行,每年计提摊销成本为36 000元。

10. 28日,租给CJG公司包装物15个,租期5个月,每个租金每月100元,增值税税额为195元。现收到CJG公司开来的转账支票一张。

11. 30日,出售给HLG公司EP₃产品1 000件,增值税专用发票上载明:单位售价300元,价款共计300 000元,增值税税额为39 000元。商品已发出,收到银行承兑汇票一张。

12. 31日,结转上述出售材料的成本,该材料发出成本为50 000元。

13. 31日,结转已销商品的销售成本。其中,EP₁产品单位销售成本1 000元;EP₂产品单位销售成本700元;EP₃产品单位销售成本200元。

【要求】 根据以上经济业务资料,编制相关的会计分录。

【答题】

业务号	业务摘要	会计分录
1		

续表

业务号	业务摘要	会计分录
2		
3		
4		
5		
6		
7		
8		
9		
10		
11		

续表

续表

业务号	业务摘要	会计分录
12		
13		

实 务 二

【目的】 练习收入的核算。

【资料】 假设【实务一】中的 ERR 公司为增值税小规模纳税人,适用征收率为 3%,月末结转销售商品的成本。该公司发生的经济业务不变,均开具增值税普通发票。

【要求】 根据给出的经济业务资料,编制相关的会计分录。

【答题】

业务号	业务摘要	会计分录
1		
2		
3		

续表

业务号	业务摘要	会计分录
4		
5		
6		
7		
8		
9		
10		

续表

续表

业务号	业务摘要	会计分录
11		
12		
13		

实　务　三

【目的】　练习费用的核算。

【资料】　EQ公司为增值税一般纳税人,适用税率为13%。该公司8月发生如下经济业务:

1. 签发转账支票支付广告费8 000元(含税,增值税税率为6%)。

2. 用现金支付印花税600元。

3. 用现金700元支付销售商品的运输劳务费。

4. 签发转账支票1 520元支付咨询机构技术咨询费(含税,增值税税率为6%)。

5. 签发转账支票1 300元支付招待客户费用(含税,增值税税率为6%)。

6. 结转本月退回商品销售成本8 000元。

7. 接银行通知,已从企业存款户中扣收银行手续费2 000元(含税,增值税税率为6%)。

8. 采购员出差归来报销差旅费1 880元(为高铁票,增值税税率为9%),并交回剩余现金120元。

9. 本月应发管理部门人员工资16 000元,专设销售机构人员工资15 000元。

10. 计提本月固定资产折旧费10 000元,其中生产用7 000元,管理部门2 000元,经营性租出1 000元。

11. 结转本月销售商品实际成本150 000元,销售材料实际成本10 000元。

12. 按规定计算本月应交城市维护建设税2 800元,应交教育费附加1 200元。

13. 按规定计算本月应交房产税3 000元、车船税2 500元、土地使用税1 800元。

【要求】 根据以上经济业务资料,编制相关的会计分录。

【答题】

业务号	业务摘要	会计分录
1		
2		
3		
4		
5		
6		
7		
8		
9		
10		
11		
12		
13		

实　务　四

【目的】　练习费用的核算。

【资料】　假设【实务三】中的 EQ 公司为增值税小规模纳税人,适用征收率为 3%。该公司发生的经济业务不变,均取得增值税普通发票。

【要求】　根据给出的经济业务资料,编制相关的会计分录。

【答题】

业务号	业务摘要	会计分录
1		
2		
3		
4		
5		
6		
7		
8		

续表

业务号	业务摘要	会计分录
9		
10		
11		
12		
13		

实 务 五

【目的】 练习利润的核算。

【资料】 EQ公司12月发生的部分经济业务如下：

1. 4日，企业经确认将无法支付FAE公司的应付账款8 000元转作营业外收入。

2. 10日，收到合同违约罚款收入9 000元（含税，增值税税率为13%），已存入银行。

3. 12日，开出转账支票进行非公益性捐赠8 500元。

4. 17日，开出转账支票支付税收滞纳金1 500元。

5. 26 日,经批准结转出售固定资产发生的净损失 1 000 元。

6. 31 日,将本月损益类科目余额转入"本年利润"科目。各损益类科目余额如下:

主营业务收入	(贷方)	800 000 元
主营业务成本	(借方)	460 000 元
税金及附加	(借方)	4 800 元
其他业务收入	(贷方)	70 000 元
其他业务成本	(借方)	53 000 元
销售费用	(借方)	6 500 元
管理费用	(借方)	45 000 元
财务费用	(借方)	5 000 元
投资收益	(贷方)	8 200 元
营业外收入	(贷方)	17 000 元
营业外支出	(借方)	11 000 元

7. 31 日,假设本月发生国债利息收入 18 000 元,税收滞纳金 1 500 元,非公益性捐赠支出 8 500 元,计算并结转本月所得税费用(所得税税率为 25%)。

8. 31 日,经股东大会决定,用法定盈余公积弥补亏损 200 000 元。

9. 31 日,将本年度实现的税后利润 2 000 000 元,从"本年利润"科目转入"利润分配"科目。

10. 31 日,按税后利润的 10% 的比例分别提取法定盈余公积和任意盈余公积,并向投资者分配利润 750 000 元,公司年初未分配利润为借方 300 000 元。

11. 将"利润分配"各明细科目余额转入"利润分配——未分配利润"明细科目。

【要求】

1. 计算本月营业利润、利润总额、应纳税所得额、应纳所得税额及净利润。

2. 根据以上经济业务资料,编制相关的会计分录。

3. 计算年末未分配利润。

【答题】

营业利润 =

利润总额 =

应纳税所得额 =

应纳所得税额 =

净利润 =

年末未分配利润 =

业务号	业务摘要	会计分录
1		
2		
3		
4		
5		
6		
7		
8		
9		
10		

续表

业务号	业务摘要	会计分录
11		

五、综合实务题

1. LTY 公司为增值税一般纳税人,适用税率为 13%。该公司发生以下经济业务:

(1) 向 TL 公司销售 C_0 商品 4 000 件,每件不含税售价为 50 元。商品已发出,货税款采用银行承兑汇票方式结算,期限为 1 个月。同时,签发转账支票支付所售商品的运输费 900 元(含税,增值税税率为 9%)。

(2) 5 月 2 日,向 BY 公司销售 C_1 商品 2 000 件,每件不含税售价 30 元。已办妥托收手续,商品已发出。

(3) 5 月 6 日,货到后 BY 公司发现该批 C_1 商品不符合质量要求。经协商双方,同意在价格上给予 20% 的折让。

(4) 5 月 7 日,接银行收款通知,BY 公司所购 C_1 商品的价款已收妥入账。

(5) 企业出售不需用的 K_1 材料一批,收到价款 11 300 元存入银行,其中含有 1 300 元的增值税税额。该批材料实际成本 7 500 元。

(6) 向 AM 公司销售 C_2 商品 3 000 件,每件不含税售价为 100 元。为了鼓励多购商品,同意给予 AM 公司 20% 的商业折扣。商品已发出,货款已收存银行。

(7) 7 月 10 日,向 XHL 公司销售 C_3 商品 1 000 件。合同规定不含税销售单价为每件 200 元,现金折扣条件为"3/10,2/20,n/30"。

(8) 7 月 28 日,收到 XHL 公司的 C_3 商品货款存入银行。

(9) 收到上月售出,因质量严重不合格,被购买方退回的甲商品。该批商品成本 4 000 元,原价款为 5 000 元,增值税税额 650 元,且上月底已结转销售成本。现签发转账支票一张退回货款及税款。

(10) 支付办理银行承兑汇票手续费 1 000 元(含税,增值税税率为 6%)。

(11) 用银行存款支付业务招待费 2 000 元(含税,增值税税率为 6%)。

(12) 接银行收款通知,收到短期借款利息 800 元。

(13) 计提销售机构固定资产折旧费 900 元。

(14) 根据工资结算汇总表,本月专设销售机构人员工资 20 000 元,企业管理人员工资为 50 000 元。

（15）开出转账支票支付印花税 200 元,车船税 5 500 元。

（16）用银行存款向火灾灾区捐款 80 000 元。

（17）收到合同违约罚款收入 11 000 元(不含税)存入银行。

（18）收到出租固定资产的租金收入 5 000 元(含税)存入银行。

（19）收到联营单位分派的现金股利 6 000 元存入银行。

（20）结转处置固定资产的净收益 2 000 元。

（21）结转本月销售商品的实际成本,其中:C_0 商品 130 000 元,C_1 商品 35 000 元,C_2 商品 180 000 元,C_3 商品 140 000 元。

（22）将本月损益类科目余额转入"本年利润"科目(见表 9-3):

表 9-3　损益类科目余额表

会计科目名称	本期余额	会计科目名称	本期余额
主营业务收入	800 000	主营业务成本	600 000
税金及附加	4 000	其他业务收入	30 000
其他业务成本	28 000	销售费用	15 000
管理费用	8 000	财务费用	3 000
投资收益	17 000	营业外收入	6 000
营业外支出	5 000		

（23）假设企业无纳税调整项目,按 25% 的所得税税率计算并结转所得税费用。

（24）用盈余公积 40 000 元弥补以前年度亏损。

（25）本年度净利润 100 000 元,提取法定盈余公积 10 000 元,提取任意盈余公积 20 000 元,向投资者分配利润 70 000 元。

【要求】　根据以上经济业务资料,编制相关的会计分录。

【答题】

业务号	业务摘要	会计分录
（1）		
（2）		
（3）		

续表

业务号	业务摘要	会计分录
(4)		
(5)		
(6)		
(7)		
(8)		
(9)		
(10)		
(11)		
(12)		
(13)		
(14)		
(15)		

续表

业务号	业务摘要	会计分录
(16)		
(17)		
(18)		
(19)		
(20)		
(21)		
(22)		
(23)		

续表

业务号	业务摘要	会计分录
(24)		
(25)		

2. 假设业务 1 中的 LTY 公司为增值税小规模纳税人,适用征收率为 3%。该公司发生的经济业务不变,均取得增值税普通发票。

【要求】 根据给出的经济业务资料,编制相关的会计分录。

【答题】

业务号	业务摘要	会计分录
(1)		
(2)		
(3)		
(4)		

续表

业务号	业务摘要	会计分录
(5)		
(6)		
(7)		
(8)		
(9)		
(10)		

续表

续表

业务号	业务摘要	会计分录
(11)		
(12)		
(13)		
(14)		
(15)		
(16)		
(17)		
(18)		
(19)		
(20)		

续表

续表

业务号	业务摘要	会计分录
(21)		
(22)		
(23)		

续表

业务号	业务摘要	会计分录
（24）		
（25）		

续表

第十章

财务报表

知识梳理

本章的重难点、关键点见表 10-1。

表 10-1　本章的重难点、关键点

知识要点			重点	难点	关键点
财务报表的概念			√		
财务报表的作用					
财务报表的种类	按反映经济内容的不同分类	资产负债表	√		
		利润表	√		
		现金流量表	√		
	按编报期间的不同分类	年度财务报表	√		
		中期财务报表	√		
	按报送对象的不同分类	对外财务报表	√		
		对内财务报表	√		
	按编报主体的不同分类	个别财务报表	√		
		合并财务报表	√	√	
	按反映经济内容状态的不同分类	静态财务报表	√	√	
		动态财务报表	√	√	
资产负债表的概念			√		
资产负债表的作用					
资产负债表编制要求			√		
资产负债表的结构	表头部分	编制单位名称			
		编表日期			√
		报表编号			
		金额单位			
	正表部分	报告式			
		科目式	√	√	√
科目式资产负债表正表部分的编制		年初余额	√		
		期末余额	√	√	√
科目式资产负债表期末余额的填列	根据有关总账科目的期末余额填列		√		√
	根据有关明细账科目的期末余额填列		√		√
	根据总账科目和明细账科目的期末余额分析计算填列		√	√	√

续表

知识要点		重点	难点	关键点
科目式资产负债表期末余额的填列	根据有关科目的余额减去其备抵科目余额后的净额填列	√		√
	综合运用上述填列方法分析填列	√		√
利润表的概念		√		
利润表的作用				
利润表的编制要求		√		
利润表的结构	表头部分	√		
	正表部分　单步式			
	多步式	√		√
多步式利润表正表部分的编制	第一步计算营业利润	√		√
	第二步计算利润总额	√		√
	第三步计算净利润	√		√

相关法规

本章可能涉及的法律法规见表 10-2。

表 10-2　本章可能涉及的法律法规

法律法规名称	修订、颁布或施行时间
小企业会计准则	2013 年 1 月 1 日
小企业会计准则——会计科目、主要账务处理和财务报表	2013 年 1 月 1 日
企业会计准则第 30 号——财务报表列报	2014 年 7 月 23 日

关键概念

1. 财务报表

财务报表是对企业财务状况、经营成果和现金流量的结构性描述。一套完整的财务报表至少应当包括资产负债表、利润表、现金流量表及其附注。

2. 年度财务报表

年度财务报表简称年报,通称决算报告,是指企业每年末编报的财务报表,包括资产负债表、利润表和现金流量表,应于年度终了后 4 个月内对外提供。

3. 中期财务报表

中期财务报表是指企业于年度中期末、季末和月末编报的财务报表,包括资产负债表、利润表和现金流量表。其中,半年度报表应于年度中期结束后 60 天对外提供;季度报表应于季度终了后 15 天对外提供;月度报表应于月度终了后 6 天对外提供。

4. 个别财务报表

个别财务报表是指由母公司、子公司分别编制的,仅反映母公司或子公司自身财务状况、经营成果和现金流量表的财务报表。

5. 合并财务报表

合并财务报表是指由母公司编制的,反映母公司和其全部子公司形成的企业集团整体财务状况、经营成果和现金流量的财务报表。

6. 资产负债表

资产负债表是指反映企业在某一特定日期(如月末、季末、年末)的全部资产、负债和所有者权益情况的报表。

7. 利润表

利润表是指反映企业一定期间(如月份、季度、年度)生产经营成果的报表。

本章训练

一、单项选择题

1. "应收账款"明细账中若有贷方余额,应将其列入资产负债表中(　　　)项目。

　　A. 应收账款　　　　　　　　　　　B. 应付账款

　　C. 预收账款　　　　　　　　　　　D. 预付账款

2. 在资产负债表项目中,金额不可能在报表中使用"－"号的是(　　　)。

　　A. 应交税费　　　　　　　　　　　B. 未分配利润

　　C. 应付职工薪酬　　　　　　　　　D. 银行存款

3. 在资产负债表中,"未分配利润"项目应根据(　　　)填列。

　　A. "利润分配"科目余额

　　B. "本年利润"科目余额

　　C. "本年利润"和"利润分配"科目余额分析计算

　　D. "盈余公积"科目余额

4. 关于资产负债表的表述,正确的是(　　　)。

　　A. 资产负债表是反映企业某一特定日期财务状况的报表

　　B. 资产负债表属于动态报表

C. 资产负债表是根据有关科目本期发生额填列的

D. 资产负债是反映企业某一特定时期财务状况的财务报表

5. 在资产负债表项目中,应根据多个总账科目余额计算填列的是(　　　)。

A. 应付账款　　　　　　　　　　B. 盈余公积

C. 固定资产　　　　　　　　　　D. 应付职工薪酬

6. 不应在资产负债表"存货"项目下反映的项目是(　　　)。

A. 原材料　　　　　　　　　　　B. 在途物资

C. 周转材料　　　　　　　　　　D. 工程物资

7. 某企业期末"应付账款"明细账的借方余额为 120 万元,贷方余额为 135 万元;"预付账款"明细账的借方余额为 21 万元,贷方余额为 19 万元。则资产负债表中"预付账款"和"应付账款"的金额分别为(　　　)万元。

A. 141,154　　　　　　　　　　B. 135,21

C. 135,121　　　　　　　　　　D. 151,139

8. 在资产负债表中,可直接根据有关总账科目余额填列的项目是(　　　)。

A. 货币资金　　　　　　　　　　B. 短期借款

C. 存货　　　　　　　　　　　　D. 应收账款

9. 某企业"应收账款"明细账借方余额合计为 40 000 元,贷方明细账余额合计为 9 000 元;"预收账款"明细账的借方余额为 1 000 元,贷方余额为 10 000 元。则资产负债表的"应收账款"项目应为(　　　)元。

A. 40 000　　　　　　　　　　　B. 31 000

C. 41 000　　　　　　　　　　　D. 30 000

10. 利润表按利润的计算过程,主要分(　　　)三步计算编制。

A. 主营业务利润、营业利润、利润总额

B. 主营业务收入、营业利润、利润总额

C. 主营业务利润、其他业务利润、利润总额

D. 营业利润、利润总额、净利润

二、多项选择题

1. 应在资产负债表"预付账款"项目中反映的有(　　　)。

A. "应付账款"明细科目的借方余额　　B. "应付账款"明细科目的贷方余额

C. "预付账款"明细科目的借方余额　　D. "应收账款"明细科目的贷方余额

2. 可以通过利润表反映的项目有(　　　)。

A. 某一时点的财务状况　　　　　B. 某一时点的偿债能力

C. 某一期间的经营成果　　　　　D. 某一期间的获利能力

3. 资产负债表的数据来源,可以通过(　　　　)方式获得。

A. 根据明细科目的余额分析

B. 直接从总账科目的余额

C. 根据有关总账科目和明细账科目的余额分析

D. 根据几个总账科目的余额合计

4. 在资产负债表中,"应收账款"项目应根据(　　　　)填列。

A. 应收账款所属明细账借方余额合计

B. 预收账款所属明细账借方余额合计

C. 预收账款总账科目的贷方余额

D. 应收账款总账科目借方余额

5. 中期财务报表包括(　　　　)。

A. 月报

B. 季报

C. 半年报

D. 年报

6. 在资产负债表中,属于流动负债的项目有(　　　　)。

A. 预收账款

B. 长期借款

C. 预付账款

D. 一年内到期的长期借款

7. 应在利润表中"税金及附加"项目中反映的有(　　　　)。

A. 增值税

B. 消费税

C. 房产税

D. 城市维护建设税

8. 计算营业利润应考虑的因素有(　　　　)。

A. 主营业务收入

B. 营业外收入

C. 其他业务收入

D. 投资收益

9. 资产负债表的基本要素有(　　　　)。

A. 资产

B. 负债

C. 所有者权益

D. 利润

10. 在资产负债表中,需要分析计算填列的项目有(　　　　)。

A. 存货

B. 长期借款

C. 固定资产

D. 无形资产

三、判断题

(　　　)1. 资产负债表是反映企业一定时期经营成果的报表。

(　　　)2. 编制资产负债表时,"预收账款"总账的所属明细账若有借方余额,应将其合并在"应收账款"项目内填列。

(　　　)3. 企业以前年度未分配的利润,可以并入本年度提取盈余公积。

（　　）4. 企业对资产负债表中的所有资产都拥有所有权。

（　　）5. 当"固定资产清理"科目期末余额在贷方,应在资产负债表"固定资产清理"项目中以负数填列。

（　　）6. 资产负债表中的资产总计等于负债和权益总计。

（　　）7. 利润表中"税金及附加"项目不包括消费税。

（　　）8. 财务报表提供的信息仅对外部的投资者和债权人有用。

（　　）9. 利润表中"投资收益"项目是影响营业利润的因素。

（　　）10. 利润表中的净利润等于利润总额减去所得税费用。

四、单项实务题

实 务 一

【目的】 练习资产负债表的编制。

【资料】 HXX 公司 2022 年 3 月 31 日有关总账科目余额和明细账科目余额资料见表 10-3。

表 10-3　科目余额汇总表

总账名称	借方余额	总账名称	贷方余额
库存现金	10 000	累计折旧	101 900
银行存款	450 000	累计摊销	40 000
其他货币资金	40 000	短期借款	300 000
应收票据	80 000	应付票据	50 000
应收账款	160 000	应付账款	80 000
预付账款	20 000	预收账款	24 000
其他应收款	2 000	应付职工薪酬	100 000
在途物资	90 000	应交税费	18 000
原材料	104 900	其他应付款	32 000
周转材料	50 000	长期借款	540 000
生产成本	150 000	实收资本	1 980 000
库存商品	500 000	资本公积	200 000
固定资产	1 240 000	盈余公积	100 000
在建工程	550 000	本年利润	281 000
工程物资	100 000		
无形资产	200 000		
利润分配	100 000		
合计	3 846 900	合计	3 846 900

【要求】 根据上述资料,编制 HXX 公司 2022 年 3 月 31 日的资产负债表(见表 10-4)。

表 10-4　资产负债表

会小企 01 表

编制单位：　　　　　　　　　　　　　　年　月　日　　　　　　　　　　　　单位:元

资产	行次	期末余额	年初余额	负债和所有者权益	行次	期末余额	年初余额
流动资产：				流动负债：			
货币资金	1			短期借款	31		
短期投资	2			应付票据	32		
应收票据	3			应付账款	33		
应收账款	4			预收账款	34		
预付账款	5			应付职工薪酬	35		
应收股利	6			应交税费	36		
应收利息	7			应付利息	37		
其他应收款	8			应付利润	38		
存货	9			其他应付款	39		
其中:原材料	10			其他流动负债	40		
在产品	11			流动负债合计	41		
库存商品	12			非流动负债：			
周转材料	13			长期借款	42		
其他流动资产	14			长期应付款	43		
流动资产合计	15			递延收益	44		
非流动资产：				其他非流动负债	45		
长期债券投资	16			非流动负债合计	46		
长期股权投资	17			负债合计	47		
固定资产原价	18						
减:累计折旧	19						
固定资产账面价值	20						
在建工程	21						
工程物资	22						
固定资产清理	23						
生产性生物资产	24			所有者权益(或股东权益)：			
无形资产	25			实收资本(或股本)	48		
开发支出	26			资本公积	49		
长期待摊费用	27			盈余公积	50		
其他非流动资产	28			未分配利润	51		
非流动资产合计	29			所有者权益(或股东权益)合计	52		
资产总计	30			负债和所有者权益(或股东权益)总计	53		

其中,需要计算的项目如下:

货币资金 =

应收账款 =

存货 =

固定资产 =

无形资产 =

未分配利润 =

实　务　二

【目的】　练习利润表的编制。

【资料】　HXX 公司 2022 年 5 月损益类科目的累计发生额资料见表 10-5。

表 10-5　损益类科目发生额

会计科目名称	借方发生额	贷方发生额
主营业务收入		2 800 000
主营业务成本	2 520 000	
其他业务收入		128 000
其他业务成本	65 000	
税金及附加	175 000	
其中:城市维护建设税	122 500	
教育费附加	52 500	
销售费用	35 000	
管理费用	80 000	
其中:业务招待费	7 500	
财务费用	45 000	
其中:利息费用	45 000	
投资收益	33 000	
营业外收入		120 000
营业外支出	7 000	
所得税费用	25 400	

【要求】 根据以上资料,编制 HXX 公司 2022 年 5 月的利润表(见表 10-6)。

表 10-6　利　润　表

会小企 02 表

编制单位:　　　　　　　　　　　　　　年　月　　　　　　　　　　　　　　单位:元

项目	行次	本年累计金额	本月金额
一、营业收入	1		
减:营业成本	2		
税金及附加	3		
其中:消费税	4		
城市维护建设税	5		
资源税	6		
土地增值税	7		
城镇土地使用税、房产税、车船税、印花税	8		
教育费附加、环境保护税	9		
销售费用	10		
其中:商品维修费	11		
广告费和业务宣传费	12		
管理费用	13		
其中:开办费	14		
业务招待费	15		
研究费用	16		
财务费用	17		
其中:利息费用(收入以"-"号填列)	18		
加:投资收益(损失以"-"号填列)	19		
二、营业利润(亏损以"-"号填列)	20		
加:营业外收入	21		
其中:政府补助	22		
减:营业外支出	23		
其中:坏账损失	24		
无法收回的长期债券投资损失	25		
无法收回的长期股权投资损失	26		
自然灾害等不可抗力因素造成的损失	27		
税收滞纳金	28		
三、利润总额(亏损以"-"号填列)	29		
减:所得税费用	30		
四、净利润(亏损以"-"号填列)	31		

五、综合实务题

1. MC 公司 2022 年 10 月 31 日,有关总账科目余额资料(见表 10-7)。

表 10-7　科目余额汇总表

总分类科目名称	借方余额	总分类科目名称	贷方余额
库存现金	2 000	累计折旧	201 200
银行存款	192 000	固定资产清理	10 000
其他货币资金	23 000	累计摊销	35 000
应收票据	30 000	短期借款	100 000
应收账款	100 000	应付票据	90 000
预付账款	2 400	应付账款	76 000
应收利息	5 200	应付利息	1 400
其他应收款	600	其他应付款	3 800
在途物资	90 000	预收账款	32 000
原材料	320 000	应付职工薪酬	50 000
周转材料	52 000	应交税费	47 300
工程物资	90 000	长期借款	520 000
生产成本	110 000	实收资本	1 600 000
库存商品	230 000	盈余公积	150 000
固定资产	1 500 000	本年利润	120 000
在建工程	150 000	利润分配	55 500
无形资产	105 000		
长期待摊费用	90 000		
合计	3 092 200	合计	3 092 200

其中有关明细分类科目余额如下:

应收账款:借方余额合计 130 000 元,贷方余额合计 30 000 元

预付账款:借方余额合计 7 000 元,贷方余额合计 4 600 元

应付账款:借方余额合计 22 000 元,贷方余额合计 98 000 元

预收账款:借方余额合计 14 000 元,贷方余额合计 46 000 元

长期借款:一年内到期的长期借款 80 000 元

【要求】　根据以上资料,编制 MC 公司 2022 年 10 月 31 日资产负债表(见表 10-8)。

表 10-8　资产负债表

会小企 01 表

编制单位：　　　　　　　　　　　　　　年　月　日　　　　　　　　　　　　　　单位:元

资产	行次	期末余额	年初余额	负债和所有者权益	行次	期末余额	年初余额
流动资产:				流动负债:			
货币资金	1			短期借款	31		
短期投资	2			应付票据	32		
应收票据	3			应付账款	33		
应收账款	4			预收账款	34		
预付账款	5			应付职工薪酬	35		
应收股利	6			应交税费	36		
应收利息	7			应付利息	37		
其他应收款	8			应付利润	38		
存货	9			其他应付款	39		
其中:原材料	10			其他流动负债	40		
在产品	11			流动负债合计	41		
库存商品	12			非流动负债:			
周转材料	13			长期借款	42		
其他流动资产	14			长期应付款	43		
流动资产合计	15			递延收益	44		
非流动资产:				其他非流动负债	45		
长期债券投资	16			非流动负债合计	46		
长期股权投资	17			负债合计	47		
固定资产原价	18						
减:累计折旧	19						
固定资产账面价值	20						
在建工程	21						
工程物资	22						
固定资产清理	23						
生产性生物资产	24			所有者权益(或股东权益):			
无形资产	25			实收资本(或股本)	48		
开发支出	26			资本公积	49		
长期待摊费用	27			盈余公积	50		
其他非流动资产	28			未分配利润	51		
非流动资产合计	29			所有者权益(或股东权益)合计	52		
资产总计	30			负债和所有者权益(或股东权益)总计	53		

其中,需要计算的项目如下:

货币资金 =

应收账款 =

预付账款 =

存货 =

固定资产 =

无形资产 =

应付账款 =

预收账款 =

一年内到期的非流动负债 =

长期借款 =

未分配利润 =

2. ZH 公司为增值税一般纳税人,适用税率为 13%。2022 年 4 月,该公司发生下列经济业务:

(1) 销售产品一批,售价 500 000 元,增值税税额 65 000 元,款项尚未收到。

(2) 收到联营单位分配的利润 20 000 元,存入银行。

(3) 用银行存款支付广告费 10 000 元(含税,增值税税率为 6%)。

(4) 用银行存款支付短期借款利息 5 000 元。

(5) 用银行存款支付产品研究费用 40 000 元(含税,增值税税率为 6%)。

(6) 用银行存款支付罚款支出 1 000 元。

(7) 经批准将企业已确认无法支付 W 公司的应付账款 2 000 元转销。

(8) 结转已销产品销售成本 250 000 元。

(9) 计算已销产品应交城市维护建设税及教育费附加 6 000 元。

(10) 将各损益类科目余额转入"本年利润"科目。

(11) 按 25% 的税率计算结转应交所得税。

【要求】

(1) 根据以上经济业务资料,编制相关的会计分录。

(2) 编制 ZH 公司 2022 年 4 月的利润表(见表 10-9)。

【答题】

利润总额 =

应交所得税税额 =

业务号	业务摘要	会计分录
(1)		
(2)		
(3)		
(4)		
(5)		
(6)		
(7)		
(8)		
(9)		
(10)		

续表

业务号	业务摘要	会计分录
(11)		

表 10-9　利　润　表

会小企 02 表

编制单位：　　　　　　　　　　　　　　　　年　月　　　　　　　　　　　　　　单位：元

项目	行次	本年累计金额	本月金额
一、营业收入	1		
减：营业成本	2		
税金及附加	3		
其中：消费税	4		
城市维护建设税	5		
资源税	6		
土地增值税	7		
城镇土地使用税、房产税、车船税、印花税	8		
教育费附加、环境保护税	9		
销售费用	10		
其中：商品维修费	11		
广告费和业务宣传费	12		
管理费用	13		
其中：开办费	14		
业务招待费	15		
研究费用	16		
财务费用	17		
其中：利息费用(收入以"-"号填列)	18		
加：投资收益(损失以"-"号填列)	19		
二、营业利润(亏损以"-"号填列)	20		
加：营业外收入	21		
其中：政府补助	22		
减：营业外支出	23		

续表

项目	行次	本年累计金额	本月金额
其中:坏账损失	24		
无法收回的长期债券投资损失	25		
无法收回的长期股权投资损失	26		
自然灾害等不可抗力因素造成的损失	27		
税收滞纳金	28		
三、利润总额(亏损以"－"号填列)	29		
减:所得税费用	30		
四、净利润(亏损以"－"号填列)	31		

3. 假设业务 2 中的 ZH 公司为增值税小规模纳税人,征收率3%。2022 年 4 月该公司发生的经济业务资料不变,开取或取得的发票均为增值税普通发票。

【要求】

(1) 根据给出的经济业务资料,编制相关的会计分录。

(2) 编制 ZH 公司 2022 年 4 月的利润表(见表 10-10)。

【答题】

利润总额 =

应交所得税税额 =

业务号	业务摘要	会计分录
(1)		
(2)		
(3)		
(4)		

续表

业务号	业务摘要	会计分录
(5)		
(6)		
(7)		
(8)		
(9)		
(10)		
(11)		

表 10-10　利　润　表

会小企 02 表

编制单位：　　　　　　　　　　　　　年　月　　　　　　　　　　　　　单位：元

项目	行次	本年累计金额	本月金额
一、营业收入	1		
减：营业成本	2		
税金及附加	3		
其中：消费税	4		
城市维护建设税	5		
资源税	6		
土地增值税	7		
城镇土地使用税、房产税、车船税、印花税	8		
教育费附加、环境保护税	9		
销售费用	10		
其中：商品维修费	11		
广告费和业务宣传费	12		
管理费用	13		
其中：开办费	14		
业务招待费	15		
研究费用	16		
财务费用	17		
其中：利息费用（收入以"–"号填列）	18		
加：投资收益（损失以"–"号填列）	19		
二、营业利润（亏损以"–"号填列）	20		
加：营业外收入	21		
其中：政府补助	22		
减：营业外支出	23		
其中：坏账损失	24		
无法收回的长期债券投资损失	25		
无法收回的长期股权投资损失	26		
自然灾害等不可抗力因素造成的损失	27		
税收滞纳金	28		
三、利润总额（亏损以"–"号填列）	29		
减：所得税费用	30		
四、净利润（亏损以"–"号填列）	31		

4. HLH 公司 2022 年度有关损益类科目累计发生额资料和 2021 年度的利润表资料 (见表 10–11 和表 10–12)。

表 10–11　损益类科目累计发生额

会计科目名称	借方发生额	会计科目名称	贷方发生额
主营业务成本	3 000 000	主营业务收入	4 500 000
其他业务成本	120 000	其他业务收入	160 000
税金及附加 　其中:城市维护建设税 　　教育费附加	40 000 28 000 12 000	投资收益	63 000
销售费用 　其中:广告费	180 000 180 000	营业外收入	19 000
管理费用 　其中:研究费用	390 000 390 000		
财务费用 　其中:利息费用	45 000 40 000		
营业外支出 　其中:自然灾害等不可抗力 　　因素造成的损失	22 000 22 000		
所得税费用	236 250		

【要求】　根据以上资料,编制 HLH 公司 2022 年度的利润表(见表 10–12)。

表 10–12　利 　润 　表

会小企 02 表

编制单位:　　　　　　　　　　　　年 　月　　　　　　　　　　　　单位:元

项目	行次	本年累计金额	上年金额
一、营业收入	1		3 850 000
减:营业成本	2		2 560 000
税金及附加	3		35 000
其中:消费税	4		
城市维护建设税	5		24 500
资源税	6		
土地增值税	7		
城镇土地使用税、房产税、车船税、印花税	8		
教育费附加、环境保护税	9		10 500
销售费用	10		175 000
其中:商品维修费	11		
广告费和业务宣传费	12		175 000

续表

项目	行次	本年累计金额	上年金额
管理费用	13		340 000
其中:开办费	14		
业务招待费	15		
研究费用	16		340 000
财务费用	17		54 000
其中:利息费用(收入以"-"号填列)	18		50 000
加:投资收益(损失以"-"号填列)	19		-10 000
二、营业利润(亏损以"-"号填列)	20		676 000
加:营业外收入	21		5 000
其中:政府补助	22		
减:营业外支出	23		13 000
其中:坏账损失	24		13 000
无法收回的长期债券投资损失	25		
无法收回的长期股权投资损失	26		
自然灾害等不可抗力因素造成的损失	27		
税收滞纳金	28		
三、利润总额(亏损以"-"号填列)	29		668 000
减:所得税费用	30		224 000
四、净利润(亏损以"-"号填列)	31		444 000

模拟试卷

模拟试卷(一)

一、单项选择题(每题 1 分,计 20 分)

1. 会计确认、计量和报告的前提是(   )。

    A. 会计核算方法   B. 会计基本假设

    C. 会计基础   D. 会计信息质量要求

2. 按照现金管理暂行条例规定,(   )不可以使用现金。

    A. 张某出差预借 6 000 元

    B. 购办公用品 750 元

    C. 支付原材料价值 45 000 元

    D. 刘某报销业务招待费 1 380 元

3. 既可转账,又可提现的银行转账结算方式是(   )。

    A. 现金本票   B. 普通支票

    C. 银行汇票   D. 转账支票

4. 某项固定资产原值为 40 000 元,预计净残值为 2 000 元,折旧年限为 4 年。采用年数总和法计算折旧,则第三年的年折旧额为(   )元。

    A. 7 600   B. 8 000

    C. 3 800   D. 12 000

5. 某企业为增值税一般纳税人,适用税率为 13%。该企业于 4 月 5 日销售产品一批,货款为 110 万元,增值税税额为 14.3 万元,规定销货的现金折扣条件为"2/10,1/20,n/30"。购买方已于 4 月 14 日付款。该企业实际收到的金额为(   )万元。

    A. 110   B. 124.3

    C. 122.1   D. 123.2

6. 材料采购途中发生的合理损耗,应计入(   )。

    A. 管理费用   B. 营业外支出

    C. 材料采购成本   D. 由运输部门赔偿

7. 企业出租包装物收取的租金应(   )。

    A. 计入主营业务收入   B. 计入其他业务收入

    C. 计入营业外收入   D. 冲减管理费用

8. 凡不符合固定资产确认标准的劳动资料,应将其列为(   )。

    A. 低值易耗品   B. 包装物

    C. 原材料   D. 工程物资

9. 企业发生的短期借款利息,应借记( )科目。

    A. 制造费用   B. 管理费用

    C. 财务费用   D. 销售费用

10. 企业签发的银行承兑汇票到期无款支付,应将"应付票据"科目转为( )科目。

    A. 预付账款   B. 短期借款

    C. 应付账款   D. 预收账款

11. 企业为购建固定资产而借入的长期借款,发生的利息支出应( )。

    A. 全部记入"财务费用"科目

    B. 全部计入固定资产购建成本

    C. 全部记入"长期待摊费用"科目

    D. 在固定资产办理竣工决算以前计入固定资产购建成本,以后计入财务费用

12. 增值税一般纳税人接受捐赠的固定资产,应借记"固定资产"科目和"应交税费"科目,贷记"( )"科目。

    A. 营业外收入   B. 其他业务收入

    C. 实收资本   D. 资本公积

13. 企业销售不动产应交纳( )。

    A. 增值税   B. 消费税

    C. 房产税   D. 资源税

14. 法定盈余公积按税后利润的( )提取。

    A. 5%   B. 10%

    C. 15%   D. 20%

15. 不属于留存收益的项目是( )。

    A. 法定盈余公积   B. 任意盈余公积

    C. 资本公积   D. 未分配利润

16. 不应计提折旧的固定资产是( )。

    A. 经营性租入的设备   B. 融资租入的设备

    C. 经营性租出的房屋   D. 未使用的设备

17. 某企业为增值税一般纳税人,适用税率为13%。购入材料一批,增值税专用发票上载明的价款为25万元,增值税税额为3.25万元。另支付材料的保险费2万元(取得增值税普通发票)、包装物押金2万元。则该批材料的采购成本为( )万元。

    A. 27   B. 29

    C. 28.25   D. 30.25

18. 某企业销售商品一批,增值税专用发票上载明的价款为60万元,适用的增值税税率为13%,为购买方代垫运输费为2万元,款项尚未收回。则该企业确认的应收账款为(　　　)万元。

  A. 60   B. 62

  C. 67.8   D. 69.8

19. 损益类科目在期末结账后,应(　　　)。

  A. 保留借方余额   B. 保留贷方余额

  C. 无余额   D. 有借(或贷)方余额

20. 不属于损益类科目的是(　　　)。

  A. 管理费用   B. 财务费用

  C. 销售费用   D. 制造费用

二、多项选择题(每题2分,计20分)

1. 流动负债包括的内容有(　　　　　)。

  A. 短期借款   B. 应付票据

  C. 预收账款   D. 预付账款

2. 流转税是以流转额为征收对象的税收,主要包括(　　　　　)。

  A. 所得税   B. 资源税

  C. 增值税   D. 消费税

3. 在工业企业中,主营业务收入包括(　　　　　)。

  A. 产成品销售收入   B. 自制半成品销售收入

  C. 代制品销售收入   D. 原材料销售收入

4. 其他业务收入核算内容的项目包括(　　　　　)。

  A. 固定资产盘盈收入   B. 包装物销售收入

  C. 固定资产租金收入   D. 无形资产转让收入

5. 固定资产按经济用途可以分为(　　　　　)。

  A. 生产经营用固定资产   B. 非生产经营用固定资产

  C. 使用中的固定资产   D. 未使用的固定资产

6. 构成应收账款入账价值的项目有(　　　　　)。

  A. 销售商品收入确认但没有收到的价款

  B. 代购货方垫付的包装费

  C. 代购买方垫付的运杂费

  D. 销售货物以后收到的票据

7. 要计入厂房及建筑物等不动产入账价值的项目有(　　　　　)。

  A. 买价   B. 运费

C. 增值税　　　　　　　　　　　D. 安装成本

8. 当固定资产计提折旧时,始终考虑固定资产残值的折旧方法是( )。

A. 平均年限法　　　　　　　　　B. 工作量法

C. 双倍余额递减法　　　　　　　D. 年数总和法

9. 企业银行存款账面余额与银行对账单之间不一致的原因是存在未达账项,会使企业银行存款账面余额大于银行对账单余额的有( )。

A. 企业已收款入账但银行尚未入账

B. 企业已付款入账但银行尚未付款入账

C. 银行已收款入账但企业尚未收款入账

D. 银行已付款入账但企业尚未付款入账

10. "固定资产清理"科目的核算内容包括( )。

A. 固定资产报废　　　　　　　　B. 固定资产出售

C. 固定资产盘盈　　　　　　　　D. 固定资产改建

三、判断题(判断下列各题说法的正误,正确的在括号内打"√",错误的在括号内打"×",每题 1 分,计 10 分)

( )1. 盘盈的存货冲减管理费用,盘亏及毁损的存货,按扣除残料价值和应由保险公司、过失人赔款后的净损失,作为管理费用。

( )2. 作为六大会计要素之一的收入,通常不包括处置固定资产净收益、固定资产盘盈、出售无形资产收益等。

( )3. 企业在销售商品时,如果商品的成本不能可靠地计量,则不能确认相关的收入。

( )4. 企业上月份销售收入在本月份发生销售折让时,应冲减上月份的收入。

( )5. 记账凭证既是记录经济业务发生和完成情况的书面证明,也是登记账簿的依据。

( )6. 企业发生毁损的固定资产净损失,应计入营业外支出。

( )7. 企业已完成销售手续但购买方在月末尚未提取的商品,应作为企业的库存商品核算。

( )8. 企业出售原材料取得的款项扣除其成本及相关费用后的净额,应当计入营业外收入或营业外支出。

( )9. 企业劳务的开始和完成分属于不同的会计期间,且在资产负债表日提供劳务交易的结果能够可靠估计的,应采用完工百分比法确认劳务收入。

( )10. 企业为职工缴纳的基本养老保险金、补充养老保险金,以及为职工购买的商业养老保险金,均属于企业提供的职工薪酬。

四、实务题(每个分录 2.5 分,计 50 分)

某企业为增值税一般纳税人,适用税率为 13%。根据该企业以下经济业务资料,编制相关的会计分录:

1. 签发转账支票,支付前欠 BB 公司购货款 50 000 元。

2. 收回 AA 公司所欠货款 12 000 元。

3. 从 HC 公司购入 D_0 材料 800 千克,20 元/千克,价款为 16 000 元,增值税税额为 2 080 元。材料尚未到达,已开出转账支票支付(材料按实际成本计价核算)。

4. 采用托收承付结算方式向 AA 公司销售产品一批,价款为 600 000 元,增值税税额为 78 000 元,并用银行存款代垫运输费 20 000 元。产品提货单和增值税专用发票已交给 AA 企业。

5. 转让一台设备,该设备原价 500 000 元,已提折旧 200 000 元,取得转让收入 450 000 元,增值税税额 58 500 元,并支付清理费用 20 000 元(含税,增值税税率为 9%)。款项均已通过银行收到,现设备已运走。

6. 转让一专利权,取得转让收入 100 万元,增值税税率为 6%。该专利权的账面价值为 80 万元,已累计摊销 200 000 元。

7. 收到 JJ 公司投入的专有技术,双方确认价值 8 000 元(含税,增值税税率为 6%)。

8. 收到 YY 公司投入的原材料,双方确认价值 30 000 元,增值税税额 3 900 元。

9. 经批准用资本公积 20 000 元转增资本。

10. 用现金支付业务招待费 1 000 元,取得增值税普通发票。

11. 用银行存款支付金融机构手续费 200 元,取得增值税普通发票。

12. 根据本月工资分配计算,专设销售机构的职工工资为 10 000 元。

13. 开出转账支票支付销售商品发生的运输费 900 元,取得增值税普通发票。

14. 取得某公司商标权,支付转让费 800 000 元(含税,增值税税率为 6%),摊销期限为 10 年,已办妥有关法律手续。

15. 本月损益类科目余额如下,转入"本年利润"科目。

主营业务收入	800 000
税金及附加	4 000
其他业务成本	28 000
管理费用	8 000
投资收益(贷方)	17 000

模拟试卷(二)

一、单项选择题(每题 1 分,计 10 分)

1. 企业财务会计核算的基础是(　　　)。
   - A. 会计主体
   - B. 持续经营
   - C. 权责发生制
   - D. 货币计量

2. 出纳人员不得办理的业务是(　　　)。
   - A. 现金收付
   - B. 登记银行存款日记账
   - C. 登记总账
   - D. 编制财务报表

3. 不允许使用现金的项目是(　　　)。
   - A. 向个人收购废旧物品
   - B. 支付个人劳动报酬
   - C. 出差借支差旅费
   - D. 购置固定资产

4. 不属于企业存货的是(　　　)。
   - A. 原材料
   - B. 自制半成品
   - C. 库存商品
   - D. 机器设备

5. 购买方实际享受的现金折扣,销售方应作(　　　)处理。
   - A. 冲减当期主营业务收入
   - B. 增加当期财务费用
   - C. 增加当期主营业务成本
   - D. 增加当期管理费用

6. 外购材料入库应填制(　　　)。
   - A. 库存商品入库单
   - B. 领料单
   - C. 收料单
   - D. 退料单

7. 凡不符合固定资产确认标准的劳动资料,应将其列为(　　　)。
   - A. 低值易耗品
   - B. 包装物
   - C. 原材料
   - D. 工程物资

8. 不计提折旧的固定资产是(　　　)。
   - A. 闲置的房屋
   - B. 融资租入的设备
   - C. 临时出租的设备
   - D. 已提足折旧仍继续使用的设备

9. 企业销售不动产应缴纳(　　　)。
   - A. 增值税
   - B. 消费税

　　　　C. 房产税　　　　　　　　　　D. 资源税

10. 资本公积主要用于（　　　）。

　　　　A. 转增资本　　　　　　　　　B. 弥补亏损

　　　　C. 发放现金股利或利润　　　　D. 企业扩大生产

二、多项选择题（每题 2 分，计 20 分）

1. 应记入应收账款的有（　　　　　）。

　　　　A. 销售商品款　　　　　　　　B. 销售材料款

　　　　C. 垫付的运输费　　　　　　　D. 应收的增值税

2. 关于"材料成本差异"科目的表述，正确的有（　　　　　）。

　　　　A. 借方余额表示节约　　　　　B. 贷方余额表示超支

　　　　C. 借方余额表示超支　　　　　D. 贷方余额表示节约

3. 固定资产折旧直线法的折旧率有（　　　　　）。

　　　　A. 个别折旧率　　　　　　　　B. 分类折旧率

　　　　C. 综合折旧率　　　　　　　　D. 加速折旧率

4. 无形资产的特点有（　　　　　）。

　　　　A. 没有实物形态

　　　　B. 能使企业长期受益

　　　　C. 持有的目的是使用而非销售

　　　　D. 取得的有偿性

5. 长期待摊费用主要包括（　　　　　）。

　　　　A. 开办费　　　　　　　　　　B. 固定资产小修理支出

　　　　C. 融资租入固定资产支出　　　D. 股票发行费

6. 属于短期借款的种类有（　　　　　）。

　　　　A. 生产经营周转借款　　　　　B. 临时借款

　　　　C. 票据贴现借款　　　　　　　D. 更新改造借款

7. 属于社会保险费组成内容的有（　　　　　）。

　　　　A. 基本养老保险　　　　　　　B. 基本医疗保险

　　　　C. 失业保险　　　　　　　　　D. 住房公积金

8. 属于企业留存收益的项目有（　　　　　）。

　　　　A. 法定盈余公积　　　　　　　B. 任意盈余公积

　　　　C. 资本溢价　　　　　　　　　D. 利润分配

9. 属于期间费用的有（　　　　　）。

　　　　A. 制造费用　　　　　　　　　B. 销售费用

    C. 管理费用   D. 财务费用

10. 计算利润表中"营业利润"项目应考虑的因素有(   )。

    A. 主营业务收入   B. 主营业务成本

    C. 税金及附加   D. 销售费用

三、判断题(正确的在括号内打"√",错误的在括号内打"×",每题 1 分,计 10 分)

(   )1. 银行存款余额调节表应每月编制一次。

(   )2. 委托收款结算方式不受金额起点的限制。

(   )3. 企业自产的产成品发生非正常损失,视同销售处理。

(   )4. 由于所有者权益和负债都是对企业资产的要求权,因此它们的性质是一样的。

(   )5. 开办费是指企业在筹建期间内发生的一切费用。

(   )6. 企业的负债按其变现能力,分为流动负债和非流动负债。

(   )7. 计件工资中的计件单价是任意确定的。

(   )8. 企业销售商品时收取的增值税款不作为收入处理。

(   )9. 资产负债表是反映企业一定时期经营成果的报表。

(   )10. 编制资产负债表时,"预收账款"总账的所属明细账若有借方余额,应将其合并在"应收账款"项目内填列。

四、实务题(每题 2 分,计 40 分)

DR 公司为增值税小规模纳税人,适用征收率为 3%,材料收发按实际成本核算。该公司发生了下列经济业务,请据以编制相关的会计分录。

1. 开出现金支票,提取现金 20 000 元备用。

2. 职工李磊出差回来,报销差旅费 8 000 元,原预借款为 10 000 元,退回余款 2 000 元。

3. 从 BY 公司购入 B11 材料 1 000 千克,每千克 20 元,增值税税额 2 600 元。该材料尚未到达,已取得增值税普通发票,开出转账支票支付。

4. 车间领用 B11 材料 15 000 元。其中 12 000 元用于产品生产,3 000 元为车间一般消耗。

5. 从 HT 公司购入 B12 材料 1 000 千克,每千克 22 元,增值税税额 2 860 元。该材料已验收入库,同时取得增值税普通发票。企业签发一张为期 5 个月的银行承兑汇票抵付货款。

6. 购入一台不需安装的设备,价款 100 000 元,增值税税额 13 000 元;运输费 600 元(含税)。均取得增值税普通发票,已用银行存款支付。

7. 出售不需用机床一台,原值 90 000 元,已提折旧 4 000 元。在出售过程中发生拆卸劳务费 800 元,用银行存款支付。双方协议价款 88 000 元(含税)。款已存入银行。

8. 购入某专利权,买价 600 000 元,增值税税额 36 000 元。法律规定的有效期为 15 年,而本企业成立时合同规定的经营期限为 15 年,已经经营了 5 年。

9. 从银行借入偿还期为 4 个月的借款 200 000 元,年利率 6%。该借款每月付息、到期一次还本。

10. 本月应付工资总额为 500 000 元。具体分配是:直接生产工人工资 300 000 元,车间管理人员工资 100 000 元,销售人员工资 50 000 元,厂部管理人员工资 50 000 元。

11. 假设按以上应付工资总额,按 14% 的比例提取职工福利费。

12. 收到 LP 公司投入科研楼一栋,合同约定该房屋的价值为 3 千万元(含税,征收率为 5%),合同约定价值与公允价值均相符。

13. 向 CF 公司销售 D02 产品 1 000 套,销售单价为 200 元。该产品已发出,尚未收到货款。

14. 出售不需用的 A100 材料一批,收到价款 10 300 元存入银行,其中含有 300 元的增值税税额。该批材料实际成本为 7 500 元。

15. 用银行存款支付广告费 10 000 元。

16. 用银行存款支付住房公积金。假设职工个人缴存部分和企业缴存部分均为 80 000 元。

17. 支付印花税 900 元。

18. 用银行存款赞助某社会福利院 10 000 元。

19. 用盈余公积 20 000 元,弥补以前年度亏损。

20. 将本月损益类科目余额转入"本年利润"科目:

主营业务收入	800 000
主营业务成本	600 000
其他业务收入	30 000
其他业务成本	28 000
税金及附加	4 000
销售费用	15 000
管理费用	8 000
财务费用	3 000
投资收益(贷)	17 000
营业外支出	5 000
营业外收入	6 000

五、编制财务报表(20 分)

SF 公司 2022 年 12 月 31 日全部总账科目和有关明细科目余额资料如表 1 所示。

表 1　科目余额汇总表

总账科目	明细科目	借方余额	贷方余额	总账科目	明细账科目	借方余额	贷方余额
库存现金		8 000		短期借款			100 000
银行存款		1 280 000		应付账款			450 000
短期投资		45 000			三山企业		200 000
应收账款		240 000			多多企业		300 000
	A 公司	180 000			爱华公司	50 000	
	B 公司	70 000		其他应付款			20 000
	C 公司		10 000	应付职工薪酬			70 000
原材料		1 300 000					
周转材料		105 000		应交税费			49 045

续表

总账科目	明细科目	借方余额	贷方余额	总账科目	明细账科目	借方余额	贷方余额
生产成本		150 000		应付利润			210 000
库存商品		1 481 045		实收资本			10 260 000
其他应收款		20 000					
长期股权投资		4 400 000					
固定资产		3 200 000					
累计折旧			890 000				
无形资产		300 000					
合计		12 539 045	900 000	合计		50 000	11 209 045

要求:根据表1资料编制该公司的资产负债表(见表2)。

表 2 资产负债表

编制单位: 年 月 日   会小企 01 表

单位:元

资产	行次	期末余额	年初余额	负债和所有者权益	行次	期末余额	年初余额
流动资产:				流动负债:			
货币资金	1			短期借款	31		
短期投资	2			应付票据	32		
应收票据	3			应付账款	33		
应收账款	4			预收账款	34		
预付账款	5			应付职工薪酬	35		
应收股利	6			应交税费	36		
应收利息	7			应付利息	37		
其他应收款	8			应付利润	38		
存货	9			其他应付款	39		
其中:原材料	10			其他流动负债	40		
在产品	11			流动负债合计	41		
库存商品	12			非流动负债:			
周转材料	13			长期借款	42		
其他流动资产	14			长期应付款	43		
流动资产合计	15			递延收益	44		

续表

资产	行次	期末余额	年初余额	负债和所有者权益	行次	期末余额	年初余额
非流动资产：				其他非流动负债	45		
长期债券投资	16			非流动负债合计	46		
长期股权投资	17			负债合计	47		
固定资产原价	18						
减：累计折旧	19						
固定资产账面价值	20						
在建工程	21						
工程物资	22						
固定资产清理	23						
生产性生物资产	24			所有者权益（或股东权益）：			
无形资产	25			实收资本（或股本）	48		
开发支出	26			资本公积	49		
长期待摊费用	27			盈余公积	50		
其他非流动资产	28			未分配利润	51		
非流动资产合计	29			所有者权益（或股东权益）合计	52		
资产总计	30			负债和所有者权益（或股东权益）总计	53		

附

增值税税率、征收率和扣除率表

1. 增值税适用税率表

序号	税目	税率
1	销售或者进口货物	13%
2	加工、修理修配劳务	13%
3	有形动产租赁服务	13%
4	陆路运输服务	9%
5	水路运输服务	9%
6	航空运输服务	9%
7	管道运输服务	9%
8	邮政普遍服务	9%
9	邮政特殊服务	9%
10	其他邮政服务	9%
11	基础电信服务	9%
12	工程服务	9%
13	安装服务	9%
14	修缮服务	9%
15	装饰服务	9%
16	其他建筑服务	9%
17	不动产租赁服务	9%
18	转让土地使用权	9%
19	销售不动产	9%
20	粮食、食用植物油	9%
21	自来水、暖气、冷气、热水、煤气、石油液化气	9%
22	天然气、沼气、居民用煤炭制品	9%
23	图书、报纸、杂志	9%
24	饲料、化肥、农药、农机、农膜	9%
25	农产品	9%
26	音像制品	9%
27	电子出版物	9%
28	二甲醚	9%
29	国务院规定的其他货物	9%
30	增值电信服务	6%

续表

序号	税目	税率
31	贷款服务	6%
32	直接收费金融服务	6%
33	保险服务	6%
34	金融商品转让	6%
35	研发和技术服务	6%
36	信息技术服务	6%
37	文化创意服务	6%
38	物流辅助服务	6%
39	鉴证咨询服务	6%
40	广播影视服务	6%
41	商务辅助服务	6%
42	其他现代服务	6%
43	文化体育服务	6%
44	教育医疗服务	6%
45	旅游娱乐服务	6%
46	餐饮住宿服务	6%
47	居民日常服务	6%
48	其他生活服务	6%
49	销售无形资产	6%
50	出口货物	0%
51	在境内载运旅客或者货物出境	0%
52	在境外载运旅客或者货物入境	0%
53	在境外载运旅客或者货物	0%
54	航天运输服务	0%
55	在境外单位提供的完全在境外消费的研发服务	0%
56	在境外单位提供的完全在境外消费的合同能源管理服务	0%
57	在境外单位提供的完全在境外消费的设计服务	0%
58	在境外单位提供的完全在境外消费的广播影视节目(作品)的制作和发行服务	0%
59	在境外单位提供的完全在境外消费的软件服务	0%
60	在境外单位提供的完全在境外消费的电路设计及测试服务	0%
61	在境外单位提供的完全在境外消费的信息系统服务	0%
62	在境外单位提供的完全在境外消费的离岸服务外包业务	0%
63	在境外单位提供的完全在境外消费的转让技术	0%
64	财政部和国家税务总局规定的其他服务	0%

2. 增值税适用征收率表

序号	税目	征收率
1	陆路运输服务	3%
2	水路运输服务	3%
3	航空运输服务	3%
4	管道运输服务	3%
5	邮政普遍服务	3%
6	邮政特殊服务	3%
7	其他邮政服务	3%
8	基础电信服务	3%
9	工程服务	3%
10	安装服务	3%
11	修缮服务	3%
12	装饰服务	3%
13	其他建筑服务	3%
14	贷款服务	3%
15	直接收费金融服务	3%
16	保险服务	3%
17	金融商品转让	3%
18	研发和技术服务	3%
19	信息技术服务	3%
20	文化创意服务	3%
21	物流辅助服务	3%
22	有形动产租赁服务	3%
23	鉴证咨询服务	3%
24	广播影视服务	3%
25	商务辅助服务	3%
26	其他现代服务	3%
27	文化体育服务	3%
28	教育医疗服务	3%
29	旅游娱乐服务	3%
30	餐饮住宿服务	3%
31	居民日常服务	3%
32	其他生活服务	3%
33	销售无形资产	3%
34	转让土地使用权	3%

序号	税目	征收率
35	销售不动产	5%
36	销售或进口货物	3%
37	粮食、食用植物油	3%
38	自来水、暖气、冷气、热水、煤气、石油液化气	3%
39	天然气、沼气、居民用煤炭制品	3%
40	图书、报纸、杂志	3%
41	饲料、化肥、农药、农机、农膜	3%
42	农产品	3%
43	音像制品	3%
44	电子出版物	3%
45	二甲醚	3%
46	国务院规定的其他货物	3%
47	加工、修理修配劳务	3%
48	一般纳税人提供建筑物服务选择适用简易计税办法	3%
49	不动产租赁服务	5%
50	小规模纳税人转让其取得的不动产	5%
51	个人转让其购买的住房	5%
52	房地产开发企业中的一般纳税人,销售自行开发的房地产老项目,选择适用简易计税办法	5%
53	房地产开发企业中的小规模纳税人,销售自行开发的房地产项目	5%
54	一般纳税人出租其 2016 年 4 月 30 日前取得的不动产,选择适用简易计税办法	5%
55	单位和个体工商户出租不动产(个体工商户出租住房减按 1.5% 计算应纳税额)	5%
56	其他个人出租不动产(出租住房减按 1.5% 计算应纳税额)	5%
57	一般纳税人转让其 2016 年 4 月 30 日前取得的不动产,选择适用简易计税办法	5%
58	车辆停放服务、高速公路以外的道路通行服务(包括过路费、过桥费、过闸费等)	5%
59	出租土地使用权	5%

3. 增值税适用扣除率表

序号	税目	扣除率
1	购进农产品(除以下第二项外)	按 9% 的扣除率计算进项税额
2	购进用于生产销售或委托加工 13% 税率货物的农产品	按 10% 的扣除率计算进项税额

读者意见反馈

为收集对教材的意见建议，进一步完善教材编写并做好服务工作，读者可将对本教材的意见建议通过如下渠道反馈至我社。

咨询电话　　400-810-0598

反馈邮箱　　zz_dzyj@pub.hep.cn

通信地址　　北京市朝阳区惠新东街 4 号富盛大厦 1 座　高等教育出版社总编辑办公室

邮政编码　　100029

防伪查询说明

用户购书后刮开封底防伪涂层，使用手机微信等软件扫描二维码，会跳转至防伪查询网页，获得所购图书详细信息。

防伪客服电话　　（010）58582300

学习卡账号使用说明

一、注册/登录

访问http://abook.hep.com.cn/sve，点击"注册"，在注册页面输入用户名、密码及常用的邮箱进行注册。已注册的用户直接输入用户名和密码登录即可进入"我的课程"页面。

二、课程绑定

点击"我的课程"页面右上方"绑定课程"，在"明码"框中正确输入教材封底防伪标签上的 20 位数字，点击"确定"完成课程绑定。

三、访问课程

在"正在学习"列表中选择已绑定的课程，点击"进入课程"即可浏览或下载与本书配套的课程资源。刚绑定的课程请在"申请学习"列表中选择相应课程并点击"进入课程"。

如有账号问题，请发邮件至：4a_admin_zz@pub.hep.cn。